国家自然科学基金项目（41561025）
江西省重大生态安全问题监控协同创新中心专项研究项目（JXS-EW-06）

U0582819

城镇化下
土地利用变化与效应
以江西省为例

钟业喜　徐　羽　郑　林等◎著

科学出版社

北　京

审图号：赣 S（2019）035 号

图书在版编目（CIP）数据

城镇化下土地利用变化与效应：以江西省为例 / 钟业喜等著. —北京：科学出版社，2019.4

ISBN 978-7-03-058905-7

Ⅰ．①城…　Ⅱ．①钟…　Ⅲ．①城市化-土地利用-研究-江西　Ⅳ．①F299.232

中国版本图书馆 CIP 数据核字（2018）第 218652 号

责任编辑：石　卉　姜德君 / 责任校对：马路遥
责任印制：张克忠 / 封面设计：有道文化

编辑部电话：010-64035853
E-mail：houjunlin@mail.sciencep.com

科 学 出 版 社 出版
北京东黄城根北街 16 号
邮政编码：100717
http://www.sciencep.com

天津文林印刷有限公司　印制
科学出版社发行　各地新华书店经销

*

2019 年 4 月第 一 版　开本：720×1000 1/16
2019 年 4 月第一次印刷　印张：14 1/2
字数：220 000
定价：88.00 元
（如有印装质量问题，我社负责调换）

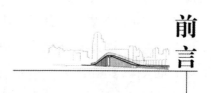

前言

　　江西省是我国南方地区重要的生态屏障，生态环境良好，森林覆盖率达到 63.1%[1]，在全国居于领先地位。2016 年 2 月，习近平总书记在视察江西时强调，绿色生态是江西最大的财富、最大的优势、最大的品牌；要做好治山理水、显山露水的文章，走出一条经济发展和生态文明水平提高相辅相成、相得益彰的路子，打造美丽中国"江西样板"[2]。长期以来，江西发展始终注重发挥生态优势，从早期的山江湖工程到"生态立省"，再到鄱阳湖生态经济区建设，绿色生态优势不断得到巩固和发展。2017 年 10 月，中共中央办公厅、国务院办公厅印发《国家生态文明试验区（江西）实施方案》，标志着江西在全国生态文明建设中的地位进一步凸显。

　　21 世纪以来，在"以工业化为核心，以大开放为主战略"的发展思路指引下，江西省工业化和城镇化进程

---

　　① 源自江西省"十一五"期间森林资源二类调查统计，详见江西省森林资源概况, http://jxly.gov.cn/id_ff8080814ce044e4014d03da61c96ac0/news.shtml[2015-04-29]。

　　② 江西：努力走出生态与经济协调发展新路. http://cpc.people.com.cn/n1/2017/0815/c412690-29472589.html[2019-1-20]。

实现跨越式发展。近年来，在鄱阳湖生态经济区建设、赣南等原中央苏区振兴发展、赣江新区设立、赣东北扩大开放合作、赣西经济转型发展规划等国家层级和省域层级区域国土空间开发框架的交织和叠加下，江西省国土空间开发格局进行深度调整。复杂多元的社会经济因素势必对省域土地利用强度、方向、格局产生深刻影响，分析土地利用时空变化特征及机理，探讨土地利用变化下的生态与社会经济效应，是江西省生态文明建设和新型城镇化建设要面对的重大课题。

土地利用变化是揭示区域生态环境状况的重要视角。本书的撰写遵循土地利用变化特征揭示-土地利用变化综合效应-土地利用调控方案的逻辑框架，凸显发现问题-分析问题-解决问题的研究思路。在土地利用变化特征方面，利用课题组搜集的多期土地利用数据，从土地利用总体变化及关键用地类型出发，全面分析了江西省土地利用变化的时空特征。在土地利用变化效应方面，重点关注了其社会经济效应和生态效应。其一，建立了人口增长-土地扩张协调指数、生态经济系统耦合协调指数等参数指标，探讨了土地利用变化过程中的人地关系变化及其时空格局，以刻画土地利用变化的社会经济效应。其二，综合采用土地利用生态风险指数、生境质量、生态系统服务价值评估方法，从生态风险、生境质量、生态系统服务价值三个层面反映土地利用变化的生态效应。在土地利用调控方案方面，依据江西省生态文明和城镇化建设的现实需求，从景观生态安全格局构建、优化土地资源利用格局、促进人口城镇化与土地城镇化协调发展方面提出了优化方案和对策建议。

本书的研究成果是在国家自然科学基金项目（41561025）和江西省重大生态安全问题监控协同创新中心专项研究项目"典型区土地利用变化及其对生态安全的影响监控"（JXS-EW-06）的基础上取得的。本书撰写过程中，钟业喜教授制定了书稿的总体框架和研究思路，并与徐羽博士对本书进行了统稿；郑林教授对项目进行了统筹和指导；徐丽婷博士主要负责 3.2 节内容的撰写；冯兴华博士主要负责 4.1 节与 4.2 节内容的撰写；硕士研究生朱治州主要负责 5.3 节内容的撰写并参与书稿的修订完善；徐羽博士负责其他章节的撰写工作。本书的完成是课题组成员共同努力的结果，得到中共中央组织部"千人计划"学者王野乔教授等的指导，得到刘影教授等的数据支持，得到江西师范大学地理与环境学院、鄱阳湖湿地与流域研究教育部重点实验室等单位众多师生的支持和帮助，在此一并表示感谢！

　　因笔者者学识水平有限及相关数据获取限制，本书难免存在不足之处，恳请读者批评指正。

钟业喜
2019 年 2 月

目录

图 目 录

表 目 录

第 1 章　绪　　论

1.1 研 究 背 景

1.1.1 江西省城镇化和工业化步入快车道

21 世纪以来，江西省城镇化发展明显加速，实现了跨越式发展。2005～2015 年，江西省城镇化率年均提高 1.33 个百分点，城镇化率平均提高值高于同期全国平均水平 0.14 个百分点，至 2015 年江西省城镇化率达到 51.62%（江西省统计局，2016），与全国城镇化水平的差距逐步缩小（图 1-1）。

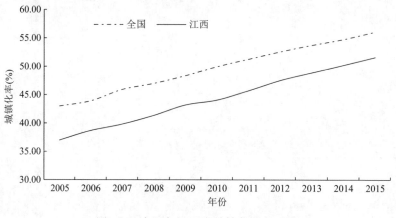

图 1-1　全国与江西省城镇化进程对比

就中部地区（山西省、河南省、安徽省、湖北省、江西省、湖南省）来看，11 年间江西省城镇化率的增长幅度居中部地区第三位，人口城镇化速度位于中部地区前列。在城镇化快速推进的同时，江西省工业化建设也在大规模推进。2001 年 8 月，中共江西省委第十届十三次全会提出了"以工业化为核心，以大开放为主战略"的发展思路。在"以工业化为核心"的发展过程中，江西省坚持"依托工业园区办工业"的工业化思路，大规模地推进工业园区建设，建设范围由省会、地级市扩展到县、市、区，甚至部分乡镇都在积极推进工业园区建设。2001 年以来，工业园区在促进江西省经济崛起中具有积极的作用，成为推进工业化和城镇化的强大动力。但客观上，这一大规模的工业化进程也不可避免地造成了土地资源不合理配置及生态环境破坏等负面影响。因此，客观揭示江西省城镇化进程中土地资源利用格局，理性分析人口城镇化与土地城镇化的协调关系，是优化江西省土地利用格局，推动城镇化健康发展要面对的重大课题。

1.1.2 江西省国土空间开发格局深度调整

鄱阳湖生态经济区是江西省乃至中部地区最具有经济活力的区域。

2009 年 12 月，《鄱阳湖生态经济区规划》获国务院正式批复，标志着鄱阳湖生态经济区规划已上升为国家层面的区域发展规划，江西省北部的 38 个县（市、区）被纳入规划范围，致力于打造中国经济重要增长极。2012 年 6 月，国务院发布《国务院关于支持赣南等原中央苏区振兴发展的若干意见》，江西省赣中南地区大部分地区被纳入规划范围，赣南等地区的发展进入快车道。省级层面上，江西省发展和改革委员会陆续实施了赣东北扩大开放合作规划、赣西经济转型发展规划、江西向莆经济带规划等重大区域开发政策，促进了江西省国土空间开发格局和生产力布局的重塑，并且逐步确立了"龙头昂起、两翼齐飞、苏区振兴、绿色崛起"的国土总体发展要求。

随着鄱阳湖生态经济区建设、赣南等原中央苏区振兴发展、赣江新区设立、赣东北扩大开放合作、赣西经济转型发展规划等国家层级和省域层级国土空间开发框架的交织和叠加，江西省各区域板块将实现快速发展，江西省"龙头昂起、两翼齐飞、苏区振兴、绿色崛起"的区域发展目标将逐步实现。随着省域层级国土空间开发格局及经济格局的重构，江西省国土资源开发格局、方向、强度变化如何？土地利用变化下人口与土地系统的耦合关系怎样？土地利用变化下的资源环境影响如何？这些显然是政府管理者及研究者十分关心的问题，也是促进江西省经济社会发展和生态环境保护协调发展要面对的重要课题。

1.1.3　江西省绿色崛起的内在要求

生态文明是以人与自然、人与人、人与社会和谐共生、良性循环、全面发展、持续繁荣为基本宗旨的社会形态。它是人类文明发展的一个新的阶段，即工业文明之后的文明形态，表征着人与自然关系的进步状态。党的十八大将生态文明建设纳入中国特色社会主义事业五位一体总体布局，指出建设生态文明，是关系人民福祉、关乎民族未来的长远大计；面对资源约束趋紧、环境污染严重、生态系统退化的严峻形势，必须树立尊重自然、顺应自然、保护自然的生态文明理念，把生态文明建设放在突出地位，融入经济建设、政治建设、文化建设、社会建设各方面和全过程，努力建设美丽中国，实现中华民族永续发展。党的十八届三中全会进一步明确指出，要紧紧围绕建设美丽中国深化生态文明体制机制改革，加快建立生态文明制度，健全国土空间开发、资源节约利用、生态环境保护的体制机制，推动形成人与自然和谐发展现代化建设新格局，为生态文明建设进行顶层设计和总体部署。

经过长期的理论创新及实践探索，江西省逐步探索出一条生态立省、绿色崛起的发展道路。近年来，江西省绿色发展取得重大成就，一系列国家级规划获得批复和实施。2009 年 12 月，《鄱阳湖生态经济区规划》获国务院批复，鄱阳湖生态经济区建设上升为国家层面的区域发展规划。2016 年 6 月 6 日，国务院正式批复同意设立赣江新区，范围包括南昌市的青山湖区、新建区和九江市的共青城市、永修县的部分区域，均为原鄱阳湖生态经济区核心组成范围，赣江新区的设立将为江西省及鄱阳湖生态经济区的发展注入强大的动力。2014 年，国家发展和改革委员会等六部委公布国家生态文明先行示范区建设首批名单，江西省全境入选，标志着江西省加快发展实现绿色崛起迎来了历史性的机遇。2015 年两会期间，习近平在参加江西省代表团审议时指出：环境就是民生，青山就是美丽，蓝天也是幸福；要像保护眼睛一样保护生态环境，像对待生命一样对待生态环境。这为新时期江西省的发展提供了精准定位和重要指引。良好的生态环境是江西省最大的优势、最亮的品牌、最好的财富，这也越来越成为政府和公众的共识。在此背景下，科学揭示城镇化下江西省土地利用的生态效应，基于自然本底和经济格局构建土地利用生态安全格局，是江西省推进生态文明示范区建设的迫切需求。

1.1.4 土地利用变化成为揭示区域生态安全的重要视角

土地利用变化的生态效应突出表现为区域生态系统提供生态服务的综合效能。"十三五"时期是我国经济社会发展的关键时期，也是资源环境约束加剧的矛盾凸显期。中国正进入快速城市化时期，打造城市群是我国加快城镇化进程的主要方式，是未来城市发展的主体形态。大规模的城市化进程引致了区域显著的土地利用形态变化、国土开发强度提升及土地利用格局演变，这些巨大的变化对城市-区域生态系统安全构成强大的胁迫效应，科学厘清城镇化进程中土地利用变化下的生态环境效应是保障土地资源的可持续利用、构筑协调共生的区域生态安全格局的科学基础，是实现区域生态系统保护与社会经济发展相互协调的重要前提。

随着空间信息技术的迅猛发展，借助遥感（RS）、地理信息系统（GIS）等技术手段，利用土地利用数据的易得性和高效性，可实现对区域土地利用生态安全状况的动态监测，基于土地利用的生态安全评价成为揭示区域生态安全/风险总体态势的重要视角之一。

随着中国城市化进程的加速，对于土地利用变化及生态效应、景观生态安全格局方面的研究逐步受到学界的关注和重视，研究方法不断丰富。其中，针对土地利用生态环境效应的研究可以总结为两类：第一类以中小城市、小流域、自然保护区等小尺度区域为研究对象，通过样带法或样方法进行植物、动物、水质调查和监测，获取与生态环境质量有关的各类指标，构建综合评价体系进行评估；第二类以行政区域为基本评价单元，选取反映各类生态环境质量的宏观生态指标构建评价体系进行评估。这两类方法均存在明显不足，第一类的时间成本和人力成本较高，且长时间动态数据难以获取，动态评价和监测不易展开；第二类的评价结果精细度不高，难以适应土地资源管理精细化的要求。

GIS 技术强大的空间信息处理能力，可以高效地处理海量的地理空间信息，相对于传统野外调查采样研究方法具有高效便捷的优势，从而使得对中大尺度区域土地利用生态效应的快速评估成为现实。另外，随着 GIS 技术及景观生态学方法在土地利用景观生态安全格局的深入运用，基于 GIS 技术的景观生态安全格局构建方法为区域生态安全格局的构建提供了较好的实现路径。

1.2   研 究 区 域

1.2.1   区域概况

江西省位于北纬 24°29′～30°04′、东经 113°34′～118°28′，长江中下游交接处的南岸，东邻浙闽、南连广东、西接湖南、北毗鄂皖，素有"吴头楚尾，粤户闽庭"之称。京广线和浙赣线贯通全境，构成全省发展的"十"字形主体框架。全省三面环山，内侧丘陵广亘，中北部平原坦荡，整个地势由外及里、自南向北，渐次向鄱阳湖倾斜，形成一个向北开口的巨大盆地。全省面积 16.69 万 km^2，以山地、丘陵为主，主要山脉分布于省境边陲。全省土地大小河流 2400 多条，总长约 18 400km，大部分河流汇入鄱阳湖，再注入长江。鄱阳湖是全国最大的淡水湖，江西省最大的聚水盆，长江水量的巨大调节器，也是沟通省内外各地航道的中转站。江西省属于亚热带季风湿润气候，2014 年平均气温 19.2℃，降水量达到 2523mm。

随着鄱阳湖生态经济区建设和赣南等原中央苏区振兴发展等一系列国家和地区发展规划的实施，江西省绿色崛起速度加快，2015 年总人口为 4566 万，常住人口城镇化率为 51.62%，实现地区生产总值 16 724 亿元（江西省统计局，2016）。

1.2.2 研究单元划分

考虑到研究期内江西省行政区划调整因素，为保持研究口径的一致性和可比性，本研究以 2010 年 1 月行政区划为基准（表 1-1），将各时期的不一致的行政区划进行调整和整合，使其与江西省 2010 年 1 月行政区划保持一致，并且将各市辖区合并为 1 个研究单元，最终得到地级市、县级市、县等共 91 个研究单元（图 1-2）。

表 1-1 江西省行政区划

地级市	县级市（县）
南昌市	新建县、南昌县、安义县、进贤县
九江市	九江县、永修县、德安县、都昌县、湖口县、彭泽县、武宁县、修水县、瑞昌市、星子县
上饶市	广丰县、上饶县、玉山县、铅山县、横峰县、弋阳县、余干县、鄱阳县、万年县、婺源县、德兴市
抚州市	南城县、黎川县、南丰县、崇仁县、乐安县、宜黄县、金溪县、资溪县、东乡县、广昌县
宜春市	高安市、丰城市、樟树市、奉新县、万载县、上高县、宜丰县、靖安县、铜鼓县
吉安市	吉安县、井冈山市、吉水县、新干县、永丰县、泰和县、遂川县、万安县、安福县、永新县、峡江县
赣州市	南康市、赣县、信丰县、大余县、龙南县、定南县、全南县、寻乌县、安远县、瑞金市、宁都县、于都县、会昌县、石城县、上犹县、兴国县、崇义县
景德镇市	浮梁县、乐平市
萍乡市	莲花县、上栗县、芦溪县
新余市	分宜县
鹰潭市	余江县、贵溪市

注：后续行政区划调整如下。将德安县、永修县、星子县的部分范围划归共青城市管辖，设立共青城市（2010 年 9 月）、撤销南康市设立南康区（2013 年 11 月）、撤销广丰县设立广丰区（2015 年 3 月）、撤销新建县设立新建区（2015 年 8 月）、撤销星子县设立庐山市（2016 年 5 月）、撤销赣县设立赣县区（2016 年 10 月）、撤销东乡县设立东乡区（2016 年 12 月）、撤销九江县设立柴桑区（2017 年 8 月）、撤销余江县设立余江区（2018 年 5 月）

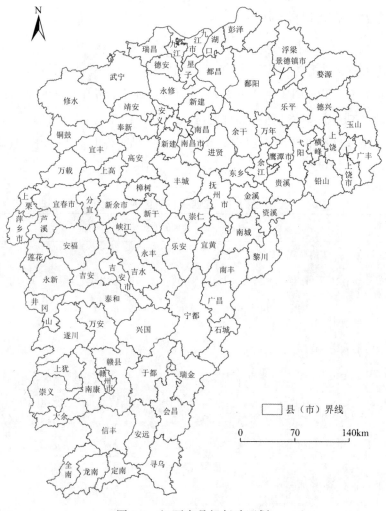

图 1-2　江西省县级行政区划

1.3　数据来源与处理

本书运用的数据包括江西省土地利用数据、数字高程模型（DEM）数据、植被覆盖指数（NDVI）数据、交通路网数据、水系数据及社会经济数据等。

　　土地利用数据获取自江西师范大学江西省重大生态安全问题监控协同创新中心，该数据利用美国地质调查局官网（http://www.usgs.gov/）开放下载的 TM/ETM+遥感影像数据库，以 2005 年、2010 年、2013 年三期覆盖江西全省的卫星影像作为数据源。借助遥感影像处理软件 ERDAS IMAGINE 9.3 进行校正、融合、镶嵌、裁剪等预处理工作，统一三期遥感影像坐标系统为 WGS 1984 地理坐标系和 Albers 投影坐标系。之后根据《土地利用现状分类标准》（GB/T 21010-2007），利用 ArcInfo Workstation 进行人机交互式判断解译，解译精度达到 85%以上，共划分为 6 类一级地类，21 类二级地类（表 1-2），包括草地（高覆盖草地、中覆盖草地、低覆盖草地）、耕地（旱地、水田）、林地（有林地、灌木林地、疏林地、其他林地）、建设用地［城镇用地、农村居民点、工业和交通建设用地（简称工交建设用地）］、水域（水库/坑塘、河渠、湖泊、滩地、海涂）、未利用地（裸土地、裸岩、沼泽地、沙地），从而得到 2005 年、2010 年、2013 年三期土地利用数据。

表 1-2　江西省土地利用类型划分

一级地类	二级地类
耕地	旱地、水田
林地	有林地、灌木林地、疏林地、其他林地
草地	高覆盖草地、中覆盖草地、低覆盖草地
水域	水库/坑塘、河渠、湖泊、滩地、海涂
建设用地	城镇用地、农村居民点、工交建设用地
未利用地	裸土地、裸岩、沼泽地、沙地

　　DEM 数据为 SRTM 地形数据，该数据空间分辨率为 90m，数据获取自中国科学院计算机网络信息中心国际科学数据镜像服务系统；NDVI 数据获取自中国科学院地理科学与资源研究所、中国科学院资源环境科学数据中心全球变化科学研究数据出版系统，该数据参照标准的 MODIS-NDVI 合成算法生产，分辨率为 1km；交通路网数据通过对人民交通出版社出版的《江西省公路里程地图册》（2005 年版、2010 年版、2013 年版）矢量化获得；水系

数据获取自江西师范大学鄱阳湖湿地与流域研究教育部重点实验室。

社会经济数据资料主要获取自历年《江西统计年鉴》《中国县（市）社会经济统计年鉴》《中国城市统计年鉴》，以及相关地级市、县级市及县的国民经济和社会发展统计公报及政府部门区域规划政策文件。

第 2 章　国内外研究进展

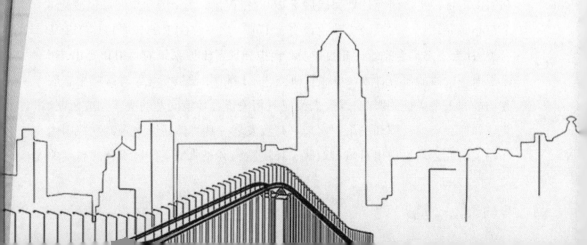

　　土地利用/土地覆被变化作为地理学的核心研究领域，研究方向涵盖土地利用变化过程与格局、土地利用变化机理与驱动机制、全球变化与土地利用变化响应、可持续性土地利用变化等方面，结合本书主要研究内容，拟从土地利用变化分析与模拟、土地利用变化与人口变化关系、土地利用变化生态效应、土地利用生态安全格局 4 个方面对当前国内外相关研究进行综述。

2.1　土地利用变化分析与模拟

　　土地利用变化要回答"土地利用变化在哪发生"、"变化规模和速率如何"和"何因素和机制驱动土地利用发生变化"的问题，因而，土地利用变化分析研究通常可从土地利用变化过程与格局、土地利用变化驱动机制、土地利用变化模拟与预测等方面予以解答。

　　在土地利用变化过程与格局方面，由国际地圈-生物圈计划（International Geosphere-Biosphere Programme，IGBP）和国际全球环境变化人文因素计划（International Human Dimensions Programme on Global Environmental Change，IHDP）联合实施的"土地利用与土地覆盖变化研究"（LUCC）研究计划（Nunes and Auge，1999），推动土地利用变化研究领域成为国内外学界高度关注的热点。随着研究的持续深入，全球土地计划（GLP）由 IGBP 和 IHDP 继 LUCC 研究计划完成后于 2006 年提出，属于国际全球环境变化 4 个核心研究计划（水系统、碳、食物、土地）之一。GLP 的核心目标在于从人类-社会生态耦合系统的角度测算、模拟和理解土地系统的利用和变化，相比于前一阶段的研究计划，更注重研究"土地利用/覆被变化"对区域生态服务功能和人类福祉的影响，以及人类应对相关资源环境问题的决策响应机制，关注如何在土地管理和决策中实现可持续发展。从具体研究来看，纵观国内外相关研究，均呈现出对热点地区、环境脆弱区、典型案例区研究的高度关注。所谓热点地区，主要包含 3 类 （Keyzer and Ermoliev, 1998）：第一类是过去和历史时期土地利用变化显著的地区；第二类是未来一段时期土地利用类型和强度可能发生剧烈变化的地区；第三类热点地区在土地利用变率及强度上可能不显著，主要因其土地利用变化引发的生态效应显著而吸引研究者的高度关注，如生物多样性减少对生态系统稳定性的影响、地球生物化学循环等。对环境脆弱区的关注则随着城镇化和工业化加速推进，资源环境承载力趋于过载而日渐增多。典型案例区的研究主要是区别于全球、大区域等宏观尺度的研究，宏观尺度大区域的研究擅长把握土地利用变化的总体特征和格局，而典型案例区的研究则能发挥微观研究的优势，有利于更精准地揭示土地利用时空动态变化的驱动机制，同时也为更宏观的大尺度综合研究提供案例支撑和理论基础（陈佑启和杨鹏，2001）。

在土地利用变化驱动机制方面，部分学者将土地利用变化驱动机制视为土地利用变化和模拟的基础，是土地利用变化科学的核心研究问题，目前在国内外形成了相当丰富的研究成果（李秀彬，1996；史培军等，2000；角媛梅等，2002；Walker and Solecki, 1999；Geoghegan et al., 1997）。例如，Lambin 等（2003）通过综合评估关于农地过度利用、热带雨林退化、草地扩张等土地利用变化领域的新近研究成果，认为气候变化驱动的土地覆盖调整与土地利用变化互相耦合，指出土地利用变化是由资源约束引起的协同影响因子共同驱动形成的；Verburg 等（2006）以欧洲 25 个国家为研究区，运用土地利用变化模型和全球经济整合模型对研究区的土地利用变化进行分析，精确揭示了不同国家土地利用变化轨迹路径依赖的驱动机制；李秀彬（2011）认为，对于土地利用变化的解释可从土地特性变化、土地使用者经济行为分析、土地管理群体行为分析 3 个方面入手，它们形成了解释土地利用变化的基本框架；刘纪远等（2009）从全国尺度分析了 21 世纪以来中国土地利用变化的基本特征，认为国家宏观政策及重点区域经济的快速发展是导致全国土地利用变化的主要因素，包括"西部大开发"和"东北振兴"等战略部署及退耕还林等生态政策的实施等；史培军等（2000）以快速城市化区域深圳为案例区，探讨了深圳 1980～1994 年的土地利用变化过程，将深圳的开放政策、人口增长、外资涌入、以房地产为代表的第三产业崛起视为主要驱动因子。总体上看，以往学者对土地利用变化驱动机制的解释，大多从自然地理因子和社会经济因子两方面构建解释变量体系，测算模型以计量统计模型为主，其中认可度较高的是多元统计回归模型。目前，随着土地利用分类标准及其空间表达呈精细化趋势，土地利用类型变化研究时空精度要求也相应提高，因而更为细分的土地类型变化机制亟须更为精细化的理论基础和方法支撑，这需要在社会经济因素定量化和空间化表达、数理模型创新等方面加强研究和探索（何英彬等，2013）。

在土地利用变化模拟与预测方面，作为土地利用变化研究的核心目标之一，土地利用变化的模拟与预测模型受到学界的重点关注（裴彬和潘韬，2010），国际学界土地利用变化相关模型研究成果较多，大致可以分为以下几类：①基于方程的模型（Sklar and Costanza，1991），如建立人口增长模型计算人口增长对土地利用变化的影响，运用于土地利用规划的线性规划模型等；②统计分析模型（Mertens and Lambin，1997），该类模型运用较为广泛，如多元回归方法、空间计量方法等；③专家知识模型（Eastman，2006），如贝叶斯概率判别、基于规则的知识模型、人工智能方法等；④元胞模型（O'Sullivan，2001；周成虎等，1999），如元胞自动机（cellular-automata）、马尔科夫链等；⑤综合模型（Southworth et al.，1991；Hall et al.，1995；Veldkamp and Fresco，1996；Keyzer and Ermoliev，1998），即将上述几类模型集成开发得到的一类新型的复杂模型，往往具备了前述模型的优点，如集成了数理统计方法、元胞自动机、系统模型的 CLUE（the conversion of land use and its effects）模型等。随着国际上 LUCC 研究计划逐步进入中国学界，中国土地利用变化研究也由传统的土地调查方法逐步向更为高效和精确的模型研究转型，研发了一批具有特色的研究成果，如土地利用变化动态模拟模型（邓祥征，2008）、驱动力分析模型（刘纪远等，2003；傅伯杰等，1999；王兴中，1998；张惠远等，1999；李平等，2001；杨桂山，2001）、土地利用景观生态学分析模型（邱扬和傅伯杰，2000；王军等，1999）、土地利用综合研究模型（高志强等，1999；王秀兰和包玉海，1999；谢高地等，1999）等。

2.2　土地利用变化与人口变化关系

　　人类社会根据不同的发展需求，驱动着区域自然环境发生变化，使陆地表层表现出不同土地利用方式，所以土地利用变化是对人类社会经济活动的重要响应和表现（刘纪远等，2003）。随着全球人口数量和富裕程度的增加，对全球土地资源的需求也在增加，但土地的健康和生产力正在恶化（Montanarella et al.，2015）。人口变化是影响气候变化、生态建设、土地资源、水资源及经济增长的关键变量。人口变化与土地利用变化的关系在一定程度上决定着人类是否能实现可持续发展。国家统计局的数据显示，1990～2010 年，中国城市人口从 3.02 亿增加到 6.71 亿；与此同时，农村人口从 8.41 亿减少到 6.7 亿（中华人民共和国国家统计局，2011）。城乡人口迁移显著改变了人类的生产和生活方式，并对土地利用和社会经济产生了重大影响。从全球来看，整个 20 世纪全球人口呈指数增长，2016 年全球人口约为 74 亿，预计到 2100 年将增至 96 亿（Gerland et al.，2014），人口增长引起的社会和环境问题已引起学界的关注。在资源有限的情况下，区域人口增长会导致严重的社区脆弱性（Neumann et al.，2015），如水资源短缺（Falkenmark，2013）、牲畜和食物不安全感（角媛梅等，2002）及医疗负担（Godber and Wall，2014）等。然而，人口增长和再分配受到土地开发和转换的制约，并且在一种权衡关系中它们共同影响社区脆弱性（Dall et al.，2013）。尽管世界各地的土地利用/覆被变化差异很大，但土地利用的趋势和引起的经济效应及生态环境效应具有相似性，即利用自然资源来满足人口增长所带来的日益增长的需求，且往往以牺牲环境条件为代价（Chi，2010；Costa et al.，2003；Foley et al.，2005；Lambin and Meyfroidt，2011；Wondie et al.，2012；Meshesha et al.，2014；Millennium Ecosystem Assessment，2005）。

国外在人口与土地利用变化领域的研究已不在少数，并且越来越受到研究者关注。Chi 和 Ho（2018）通过比较 2001～2011 年美国邻国的土地可开发度来衡量人口增长和土地开发，确定人口紧张地区，基于空间多标准分析、区域统计和时空模型的组合，发现一个县的人口增长与土地可开发性的下降及周边县的空间影响有关。Tan 等（2018）利用土地利用图、人口普查数据和夜间灯光数据，对各县人口进行空间匹配，模拟 2000～2010 年中国人口的空间分布及其变化情况，将模拟数据与统计结果比对发现，人口普查数据与乡镇/分区一级的模拟数据线性相关程度不高。Luo 等（2018）从生产用地和生活用地的角度，采用结构方程模型（SEM）进行分析，得出流动人口与城市用地扩张之间的相互关系，考察流动人口对城市用地的影响；其结果表明，流动人口本身并不会对城市土地扩张产生直接影响，而是通过生产或生活过程对其产生间接影响，并且生活条件对建设用地扩张没有直接的积极影响；该研究试图从生产用地和生活用地的角度提出流动人口与城市土地扩张之间的相互关系，但社会经济发展是一个相当复杂的过程，其忽视了各种事物之间的相互作用结果。Niu 和 Li（2018）构建了土地利用与交通整合模型，评估了北京市土地利用政策对城市人口和社会经济活动分布的影响，发现随着郊区开发面积的不断增加，越来越多的居民和开发活动迁出城市中心，而这种目标与北京市政府疏解非首都核心功能的目标是一致的。

国内关于人口变化与土地利用变化关系的研究主要集中于两个方面：一是将人口要素作为变量，分析其对土地利用/土地覆被变化的影响；二是将人口要素和土地要素视为协调发展的两大系统，侧重分析人口变化与土地利用变化的耦合协调关系，如人口城镇化与土地城镇化的关系、人口系统与土地系统的关系等。马丰伟等（2017）以城乡过渡带为案例，分析了村镇尺度土地利用变化特征及其人文驱动力，研究发现人口密度是影响城镇建设用地分布的重要因素。刘康等（2015）以南京为例，借助 probit 模型分析了经济发达地区土地利用变化的驱动力，发现随着社会经济的发展，人口因素逐渐成为林地与耕地减少的主要因素。杨忍等（2015b）立足于城乡转型背景，构建了县域层面的人口、土地、产业非农化转型指标体系，分析了中国环渤海地区人口-土地-产业非农化转型时空特征，研究发现，"人口-土地"非农化转型耦合协调度普遍滞后于"土地-产业"非农化转型耦合协调度，土地城镇化快于人口城镇化，人口城镇化与土地城镇化协调性不足。吕添贵等（2016）基于人口构成、人口素质、人口生活、城镇规模、城镇投入、城镇产出等构建指标体系，对南昌市人口城镇化与土地城镇化的协调关系进行评价，结果表明，人口城镇化与土地城镇化呈指数波动上升，二者由土地滞后型向人口滞后型转变，发展类型由高度不协调状态向勉强协调状态过渡。李子联（2013）针对中国人口城镇化滞后于土地城镇化的现实问题，利用省际面板数据对这一现象进行实证分析，认为工业化和地方政府对土地财政依赖是土地扩张快于人口城镇化的主要原因，并提出户籍改革和完善土地流转制度将有助于人口城镇化的发展。综上可知，人口变化作为影响土地利用变化的关键因素，已在众多研究中得以证实，并且其影响作用趋于增大。就人口城镇化和土地城镇化关系来看，人口城镇化发展速度滞后于土地城镇化的问题已引起学界的重视，并且研究者尝试从多角度阐释问题形成的原因。但总体来看，针对欠发达地区的案例研究仍然较为缺乏，且作为制定省级新型城镇化实施方案和规划的研究层级，省域层面的案例探讨尚不多见，尤其是针对省域内不同发展阶段、不同行政层级、不同地形区城市的深入分析亟待加强。

2.3　土地利用变化生态效应

　　土地利用变化的影响是多尺度、多层面的，包括社会、经济、生态、环境等诸多方面，且土地利用变化产生的不同效应并不是绝对割裂的，而往往是相互联系、相互作用的。综合分析以往研究成果，按研究角度大致可分为两类：第一类侧重研究土地利用变化对水圈［如对水量、水质及水循环过程的影响（于兴修等，2004）］、土壤圈［主要包括土壤质量（郭旭东等，2001）及其生态环境功能、生物地球化学循环过程等（郭旭东等，1999）］、大气圈［如气候变化响应（Brovkin et al.，2004）、碳循环（Bala et al.，2007）等］等单一自然地理要素的影响；第二类则立足于生态系统层面，侧重探讨土地利用变化对生态系统物能循环、景观格局、生态服务功能和价值等产生的综合生态效应（王晓东和蒙吉军，2014）。这里主要探讨土地利用变化的第二类生态影响，即土地利用变化的综合生态效应。在景观格局影响方面，土地利用变化直接驱动区域景观类型和景观空间分异特征演变。基于此，当前，大多数研究者借助遥感影像或土地分类数据，利用景观分析软件计算各类相关景观格局指数并讨论其生态指示意义（彭建等，2006），其中，FRAGSTATS软件以其操作界面简洁友好、景观格局指数全面丰富而被众多研究者广泛使用。近年来，国内学者基于景观生态学方法，开展了大量土地利用变化及其景观生态效应方面的研究，研究区域以典型生态功能区（王兮之等，2006；张兵等，2005）、快速城市化地区（李杨帆等，2007；邓劲松等，2008）、重点流域（潘竟虎和刘菊玲，2005；潘竟虎等，2012）等为主，研究尺度上以中小尺度为主，大区域宏观尺度尚不多见。

在生态系统服务价值影响方面，随着生态资产审计政策的实施，这一研究领域的重要性和应用前景更为凸显。生态系统的结构和功能随着土地利用变化而改变，并体现为生态系统服务价值的演变。因此，生态系统服务价值可作为评估土地利用变化生态环境效应的重要指标（姚成胜等，2009），用于定量分析和识别土地利用变化对生态系统服务功能的影响。目前，关于生态服务价值的核算方法尚无统一标准和技术规程，但以货币价格形式表达已成为学界共识，主要的评价方法包括能值分析法、生态空间评价法、物质量评价法及价值量评价法（赵景柱等，2003），其中Constanza 等（1998）提出的价值量评估模型受到学界的普遍认可和运用。国内学者谢高地等（2015b）结合中国生态系统类型和生态服务价值特征，修订Constanza 模型从而建立了符合中国实际的中国陆地生态系统单位面积服务价值表，广泛运用于国内区域各类生态系统服务价值评估研究，如全国森林（余新晓等，

2005）、草地（尹剑慧和卢欣石，2009）等生态系统服务功能价值核算，长江三角洲地区（杨桂山，2001）、鄱阳湖湿地（崔丽娟，2004）等不同尺度区域的生态服务价值评价。

2.4　土地利用生态安全格局

部分学者认为，所谓土地利用生态安全格局，即通过经济、法律、政策手段构建一个耕地保持总量动态平衡、社会经济发展建设用地需求有效保障、土地利用结构合理有序的土地利用优化配置方案。因此，关于土地利用生态安全格局的问题，实质上就是运用景观生态学的理论与方法解决土地利用优化配置和合理利用的问题（Guan et al.，2003；谢花林，2008）。就构建方法而言，总体看来，生态安全格局构建方法可分为三类：第一类是数量优化方法，包括线性规划方法（梁烨等，2013）、系统动力学模型（杨莉等，2009）、灰色系统模型（刘宝涛等，2016）等。这类方法缺乏空间化表达功能，难以表达景观要素单元在空间上水平运动过程。第二类是空间优化方法，如元胞自动机模型（黎夏和叶嘉安，2005）、景观生态学（张惠远和王仰麟，2000）的景观格局优化方法。第三类是综合优化方法，主要包括 CLUE 系列模型（李鑫等，2015）、多智能体（袁满和刘耀林，2014）、遗传算法（董品杰和赖红松，2003）等。面向空间可视化和可操作性的实践需求，具有数量分析和空间量化的空间优化方法更具适用性和优越性显现出来。

最小累积阻力模型（MCR）兼具空间可视化和定量分析的功能，是目前实现土地利用生态安全格局构建的较好工具之一。生态安全格局理论认为，物种迁移、生态流扩散、栖息地维护均需要克服一定的景观阻力，而生物穿越异质景观过程中累积阻力最小的通道就是区域中的最适宜通道，这体现了不同物种及生态源地间的潜在可达性（钟式玉等，2012）。MCR 模型综合考虑了景观单元的垂直生态过程和水平生态过程，可全面地反映景观单元的生态适宜性和生态潜在可达性，在土地利用生态安全格局领域适宜性较好、应用前景广泛。

第 3 章　城镇化下江西省土地利用变化时空特征

3.1　江西省土地利用变化及其对人类活动的响应

　　土地利用/土地覆被变化是区域自然环境对人类经济活动最直接的响应，作为联系纽带密切联通着人类社会经济活动和地球陆表系统自然生态过程（Mooney et al., 2013）。人类社会根据不同的发展需求，驱动着区域自然环境发生变化，使陆地表层表现出不同土地利用方式，所以土地利用变化是对人类社会经济活动的重要响应和表现（刘纪远等，2003）。构建模型开展土地利用变化的速度、转移方向和土地利用程度等方面的研究，有助于全面把握区域土地利用变化的时空特征和空间格局，揭示土地利用对人类变化的响应程度。目前，已有研究主要基于遥感影像解译数据，运用不同指标和土地利用变化模型对不同尺度的研究区域进行研究，取得了丰富成果。刘纪远等（2014）从全国尺度研究了 20 世纪 80 年代以来全国土地利用变化的基本特征和空间格局，并对全国土地利用动态变化进行分区；宋开山等（2008）对三江平原西部土地利用方式、景观格局的动态变化进行定量研究；乔伟峰等（2012）运用土地利用变更调查数据，通过构建土地利用数量变化、程度变化和空间变化等指标测算模型分析苏州土地利用时空演化规律。其中，"生态脆弱区"（常春艳等，2012；赵锦梅等，2012；王磊等，2012）和"快速城市化区域"（刘新卫等，2008；战金艳等，2003；陈红顺和夏斌，2012）成为学界研究的重点和热点区域。从研究方法来看，从早期的侧重采用单一指标和部分指标发展到之后的全面运用单一/综合土地利用动态度、土地利用程度、土地利用转移矩阵、景观特征指数、重心模型等方法（朱会义和李秀彬，2003），目前，综合运用传统方法与土地利用信息图谱（张国坤等，2010）、复杂网络（武鹏飞等，2012）等前沿空间分析技术来开展土地利用变化规律研究逐渐成为趋势（吕立刚等，2015；田义超等，2015）。

　　江西省作为内陆地区欠发达省份，经济社会发展水平相对滞后，长期以来一直是我国扶贫开发的主阵地。近年来，随着鄱阳湖生态经济区建设、赣南等原中央苏区振兴发展等一批国家级规划的实施，江西省的发展迎来新的机遇，经济社会发展速度位于全国前列。同时，作为全境入选国家生态文明先行示范区的省份，也承担着极为重要的生态保护功能。因此，全面分析全省土地利用特征及其变化过程和格局，对省域国土空间的合理开发和利用具有一定参考价值。既有研究中，对江西省土地的研究，较多关注个别地区（谢花林，2011；赵小沉等，2007）、流域（谢花林和李秀彬，2008；陈昌春等，2014；王盼盼等，2014）、地类（张婷等，2014；于法展等，2014）的土地利用及变化情况，对全省土地利用变化时空规律进行研究的成果不多见。因此，本书充分借助空间分析技术、信息图谱分析技术及社会网络分析方法，尝试对江西省土地利用变化时空规律及其对人类活动的响应进行全面的分析，为区域土地资源科学开发和利用提供参考。

3.1.1 数据来源与处理

依据 1.3 节所述林地、草地、耕地、水域、未利用地、建设用地分类标准，制作得到 2005 年、2010 年、2013 年土地利用专题图（图 3-1）。

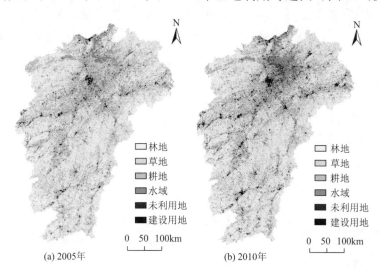

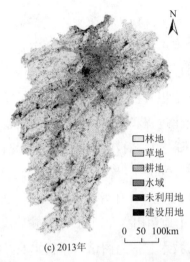

(c) 2013 年

图 3-1　江西省土地利用空间格局

3.1.2　土地利用类型结构特征

2005～2013 年，鄱阳湖流域草地由 2867.52km² 下降至 2241.28km²，其土地所占比例也由 1.74% 下降至 1.36%；耕地由 50 445.28km² 下降至 47 824.96km²，耕地面积减少 2620.32km²，其所占比例降幅达到 1.59 个百分点；建设用地增长明显，其面积由 7300.64km² 迅速增长至 10 151.68km²，面积增长了 2851.04km²，增幅达到 1.73 个百分点；林地面积由 93 870.08km² 增长至 94 084.32km²，面积增长了 214.24km²，而增幅仅为 0.13 个百分点；水域面积稍有增长，由 8866.24km² 增长至 9278.24km²，增幅达 0.25 个百分点；未利用地则呈现出缩减趋势，其面积由 1450.24km² 下降至 1219.52km²，降幅为 0.14 个百分点（表 3-1）。

表 3-1　2005～2013 年土地利用类型结构变化

一级地类	2005 年		2010 年		2013 年	
	面积（km²）	比例（%）	面积（km²）	比例（%）	面积（km²）	比例（%）
草地	2 867.52	1.74	2 504.96	1.52	2 241.28	1.36
耕地	50 445.28	30.61	49 060.96	29.77	4 7824.96	29.02

续表

一级地类	2005 年		2010 年		2013 年	
	面积（km²）	比例（%）	面积（km²）	比例（%）	面积（km²）	比例（%）
建设用地	7 300.64	4.43	9 047.52	5.49	10 151.68	6.16
林地	93 870.08	56.96	93 342.72	56.64	94 084.32	57.09
水域	8 866.24	5.38	9 541.92	5.79	9 278.24	5.63
未利用地	1 450.24	0.88	1 301.92	0.79	1 219.52	0.74

　　从空间分布来看，建设用地呈明显的斑块状分布于鄱阳湖流域区域内，城市的扩张导致区域建设用地的增长变化；草地以散点状分布于林地之中；未利用地则主要分布在城市周边地带，海拔及坡度均较低；耕地及水域则主要分布在赣北鄱阳湖平原地带，其分布的地域性较为显著，与坡度及海拔呈现明显的正相关性；林地是流域内分布最广、面积最大的地类，主要位于赣南地区及赣东、赣西省域边缘地区，其分布基本与地形显著相关。

3.1.3　土地利用景观特征

1. 景观指数选取

　　为探究研究区土地利用景观格局演变特征，采用景观生态学方法分别从斑块类型水平和景观水平上对江西省土地利用景观进行分析。斑块类型水平上，选择斑块个数（NP）、斑块密度（PD）、最大斑块指数（LPI）、总边缘长度（TE）、边缘密度（ED）、平均斑块面积（AREA_MN）6 个指标；景观水平上，选择斑块密度（PD）、蔓延度指数（CONTAG）、分离度指数（SPLIT）、香农多样性指数（SHDI）、香农均匀度指数（SHEI）5 个指标。各指标计算方法和生态学意义见相关文献（Wu，2004；Gustafson，1998）。借助 FRAGSTATS 4.2 软件计算得到上述景观指数并制图（图 3-2）进行辅助分析。

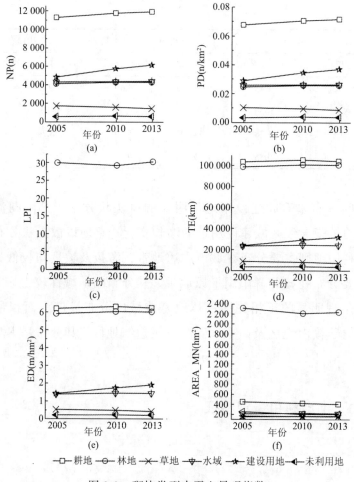

图 3-2 斑块类型水平上景观指数

2. 斑块类型水平指数分析

（1）耕地景观的斑块个数和总边缘长度均居于 6 类用地首位，是研究区的优势景观，斑块密度和边缘密度也较大，说明耕地分布范围较广、斑块较为细碎，并且斑块平均面积由 448.6 hm² 缩减至 403.9 hm²，耕地破碎化特征进一步显现。2001 年以来，工业园地建设征地和农村建设对耕地的占用是造成此现象的主要原因。

（2）林地景观以大面积的巨型斑块为主，江西省域周边山区大型丘陵山地构成了其主要景观组分，在斑块数量上不占优势，但其在最大斑块指数（2005 年为 30；2013 年为 30.3）和平均斑块面积（2005 年为 2311.1hm^2；2013 年为 2232.4hm^2）两项指标上远大于其他景观类型，可见江西省林地景观生态系统的完整性和规模优势，不过，林地景观也表现出平均斑块面积萎缩的趋势，与城市扩张区域空间邻近的林地景观存在逐步被侵占的风险。

（3）建设用地景观斑块数量、总边缘长度、斑块密度、边缘密度均呈现出逐步增长的趋势，表明建设用地快速扩张的总体特征，虽然其在江西省土地利用类型中所占比重并不高，但在新型城镇化背景下，建设用地是增长最为显著的景观类型。

（4）水域景观作为区域重要的生态空间，各项景观指标数值总体保持稳定。草地景观面积占比较小，2005～2013 年，斑块数量由 1724 个降至 1445 个，平均斑块面积由 168.5hm^2 缩减至 157.2hm^2。未利用地则呈现出细碎化特征，斑块数量增长的同时，平均斑块面积则由 255.9hm^2 降至 207.9hm^2。

3. 景观水平指数分析

在分析各地类景观特征的基础上，基于景观水平上的相关指标（表 3-2）进一步探究研究区土地利用景观总体格局及演变特征。香农多样性指数和香农均匀度指数可以表征景观中斑块类型的丰富程度和比例大小，其值越大说明斑块类型越多、各景观组分占比越均衡。2005～2013 年，江西省景观香农多样性指数由 1.0904 增加至 1.1076，香农均匀度指数由 0.6086 上升为 0.6182，总体上均呈现上升趋势，表明研究区景观异质性的减弱，景观均衡性的增强。2005 年，林地在各地类中所占比重最大，达到 57%左右，是研究区的基质景观。耕地面积也占据约 30%的比重，也是重要的景观组分。至 2013 年，建设用地急剧扩张，耕地面积锐减，同时也引发了其他土地利用类型比重的调整，各景观组分所占比重差异缩小，从而导致了景观香农多样性指数和香农均匀度指数的上升。

表 3-2　景观水平上景观指数

年份	PD	CONTAG	SHDI	SHEI
2005	0.1608	42.6607	1.0904	0.6086
2010	0.1701	41.4762	1.1096	0.6193
2013	0.1724	41.5399	1.1076	0.6182

蔓延度指数主要反映景观组分的集聚度，蔓延度指数越高表明斑块集聚程度较高、连通性较好，反之则说明景观由较多细碎小斑块组成。2005 年、2010 年、2013 年蔓延度指数分别为 42.6607、41.4762、41.5399，总体上处于中等水平，表明江西省土地利用景观中存在一定数量的大型斑块，主要是林地、耕地及鄱阳湖水域等，有效提升了景观的连通性。蔓延度指数的降低，说明景观中斑块个数的增加及平均斑块面积的减小，究其原因，可能是研究期内中心城市扩张及县城开发新增了大量小型建设用地斑块，而建设用地斑块的增加势必侵占耕地、林地等生态用地，使得原有大型耕地、林地斑块面积缩小，导致蔓延度指数下降。这一趋势从描述景观空间分布格局的斑块密度指标同样可以得到印证，该指数由 2005 年的 0.1608 增大至 2013 年的 0.1724，表明研究区斑块数量持续增加，斑块割裂、景观整体破碎程度上升，一定程度上对区域生态安全和生态平衡造成了威胁。

3.1.4　土地利用动态度

1. 动态度分析模型

土地利用动态度是刻画区域土地利用在一定时间内的变化速度，综合土地利用动态度（P）用于测算区域整体的土地利用变化速度，单一土地利用动态度（K）用于计算某种土地类型的变化速度（朱会义和李秀彬，2003）。指标数值越大，表示土地利用变化剧烈程度越高，数值越小，表示土地利用变化越缓慢。计算公式为

$$P = \left\{ \sum_{ij}^{n} (\Delta U_{i-j} / U_i) \right\} \times \frac{1}{t} \times 100\% \qquad (3\text{-}1)$$

式中，P 为综合土地利用动态度；ΔU_{i-j} 为研究期初至期末第 i 类用地类型向其他类型土地转出的面积之和；U_i 为研究期初第 i 类土地利用类型的面积；t 为研究期初至期末的间隔年数。

$$K = \frac{U_b - U_a}{U_a} \times \frac{1}{t} \times 100\% \qquad (3\text{-}2)$$

式中，K 为单一土地利用动态度；U_a、U_b 分别为研究期初和研究期末某土地利用类型的面积数量；t 为研究期初至研究期末的间隔年数。

2. 全省土地利用动态度分析

2005～2010 年，江西省综合土地利用动态度为 23.59%；2010～2013 年，全省综合土地利用动态度下降为 12.82%。土地利用变化速度的大小表征人类活动对自然环境影响的强弱。研究期内，江西省土地利用变化速度呈现下降的趋势，表明区域人类社会经济活动对自然环境系统影响的减弱。

为进一步深入分析全省土地利用变化速度的区域差异，把握土地系统对人类活动强度响应的空间格局。利用式（3-1）计算得到各地级市、县级市及县 2000～2010 年、2010～2013 年两期的土地利用动态度，根据其动态度值域范围并借助 Nature Breaks 分类法将 91 个研究单元划分为四类变化区域：急剧变化型（25%～49.98%）、快速变化型（15%～25%）、慢速变化型（8%～15%）、极慢变化型（1.35%～8%）（图 3-3）。从数值表现来看，2005～2010 年，各地级市、县级市及县综合土地利用动态度为 3.58%～49.69%，平均值为 24.55%；2010～2013 年，各地级市、县级市及县综合土地利用动态度为 1.35%～49.98%，平均值为 15.99%，这一结果与全省综合土地利用动态度的变化情况一致。从各类型区域变动情况来看，2005～2010 年，急剧变化型（43 个）和快速变化型（30 个）区域占据主导，约占全部研究单元的 81%；2010～2013 年，这一时期与前一时期情况发生较大改变，急剧变化型（17个）和快速变化型（21个）区域分布范围大幅缩减，占比减小至42%左右；而慢速变化型（26个）和极慢变化型（27个）区域分布范围显著扩大，占比超过50%。

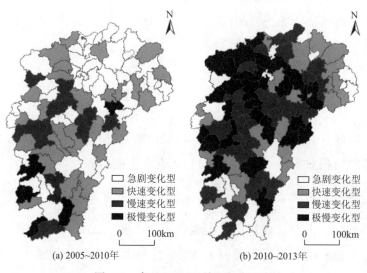

(a) 2005~2010年　　　　　　(b) 2010~2013年

图 3-3　各地区土地利用变化速度

从各类型区域分布范围来看，呈现出两个突出特征：其一，环鄱阳湖区域成为急剧变化型区域集聚地带，可见鄱阳湖生态经济区作为江西绿色崛起的"北翼"，城镇化和工业化发展水平较高，在全省经济发展格局中地位重要，因此，对土地系统的影响较强；其二，动态度高值区围绕中心城市集聚特征明显，这主要是因为中心城市空间扩展过程中首先向周边地区扩张，空间近邻效应显现。

3. 各地类动态度分析

草地、耕地、未利用地面积持续减少，草地和耕地面积减少速度下降，未利用地面积减少速度增大，其中以草地面积的减少速度最大。草地面积减少速度由 2005~2010 年的年均 2.58%增大至 2010~2013 年的年均 3.46%，耕地面积减少速度由 2000~2010 年的年均 0.54%增大至 2010~2013 年的年均 0.84%，未利用地面积减少速度由 2005~2010 年的年均

2.07% 下降至 2010~2013 年的年均 1.92%。

建设用地面积持续扩张，增长速度小幅降低。2005~2010 年建设用地扩张速度年均为 4.78%，2010~2013 年扩张速度小幅降低至年均 4.06%。林地面积呈现先减后增的趋势，水域则与之相反，面积先增加后减少。2005~2010 年，林地面积年均减少 0.11%，2010~2013 年，林地面积年均增加 0.26%；2005~2010 年，水域面积年均增加 1.53%，2010~2013 年，水域逐年减少，减少速度年均为 0.95%（图 3-4）。

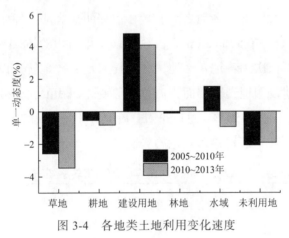

图 3-4　各地类土地利用变化速度

3.1.5　土地利用空间转移特征

1. 土地利用转移流测算方法

利用 ArcGIS 软件空间叠置功能考察全省各地类转移交互情况，据此建立土地利用转移矩阵。同时，引入"土地利用转移流"（马彩虹等，2013）指标对各土地利用类型的"转出流""转入流"进行测算，并借助社会网络分析工具 UCINET 软件对其进行可视化，厘清全省各类用地的转移交互方向和数量。

$$L_f = L_{out} + L_{in} \tag{3-3}$$

$$L_{nf} = L_{in} - L_{out} \qquad\qquad (3\text{-}4)$$

式中，L_f 为土地利用转移流；L_{out} 为转出流；L_{in} 为转入流；L_{nf} 为土地转移流净值，其值为正时，表示净流入；其值为负，则表示净流出。

2. 土地利用转移矩阵分析

从土地利用类型转移来看（表 3-3），2005~2013 年，江西省土地利用发生变化的面积占土地总面积的 9.2%，达 15 376.4km²。在众多的土地转移类型中，耕地与建设用地、林地之间的转移占据明显优势，发生在此三种用地之间的转移面积达 10 526.85km²，占总转移变化面积的 68.5%。其中，主要的土地转移类型依次为耕地转林地、林地转耕地、耕地转建设用地、草地转林地、林地转建设用地，转移面积占总转移变化面积的比例分别为 24.1%、19.4%、15.2%、5.8%、5.6%。总体来看，研究区土地利用变化以耕地、林地、建设用地为主，且土地转移非农化趋势明显。

表 3-3　江西省 2005~2013 年土地利用转移矩阵　（单位：km²）

	地类	草地	耕地	建设用地	林地	水域	未利用地	2005 年总计
					2013 年			
2005 年	草地	1 473.53	359.58	82.57	904.02	53.60	30.88	2 904.18
	耕地	139.37	44 097.63	2 348.65	3 709.70	636.75	118.20	51 050.3
	建设用地	9.34	500.90	6 668.70	115.96	87.89	14.12	7 396.91
	林地	606.30	2 986.14	865.50	90 326.31	159.75	92.70	95 036.7
	水域	20.35	363.14	189.39	135.54	8 091.98	181.28	8 981.68
	未利用地	18.06	109.03	127.26	47.96	362.48	801.17	1 465.96
2013 年总计		2 266.94	48 416.42	10 282.07	95 239.50	9 392.46	1 238.35	

注：表中首列为 2005 年土地利用类型，首行为 2013 年土地利用类型。表中数值表示 2005~2013 年，不同地类之间的土地利用转移面积。末行和末列分别统计了 2013 年和 2005 年各地类的总面积。受四舍五入的影响，表中数据稍有偏差

3. 土地利用空间转移热点探测

为分析人类活动对土地利用类型转移的影响的空间分异特征，本书对土

地利用类型转移面积进行核密度分析，并利用 Natural Breaks（Jenks）进行分层（图 3-5），以探讨土地利用类型转移的热点区域。2005～2010 年，核密度最大值达到 113.4hm²/km²，高值区在环鄱阳湖地区和瑞兴于地区呈片状分布，而在部分地级市周边地区则呈散点状分布；热点区域分布范围广泛但地域差异性显著，核密度高值区的南北差异十分明显。受研究年限较短因素限制，2010～2013 年区域核密度最高值仅为 50.3hm²/km²，环湖区土地转移虽呈现环状趋势但密度较低；随着赣南等原中央苏区上升为国家层面规划的发展区域，赣南地区土地转移速度明显加快，瑞兴于（瑞金、兴国、于都）地区仍为热点区域，而热点区域在省际边缘山区则形成了寻安定（寻乌、安远、定南）的核心-边缘式的空间结构。总体来看，江西省土地利用受人类活动的影响受政策等因素影响显示出明显的阶段性和地域性特征。2005～2010 年的赣北环鄱阳湖地区及 2010～2013 年的赣南瑞兴于、寻安定地区受到人类活动的影响明显增强。

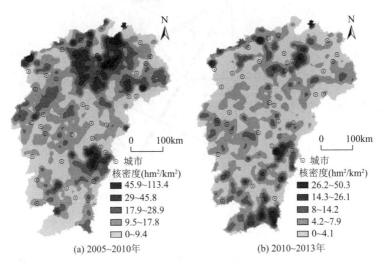

(a) 2005～2010年　　　　(b) 2010～2013年

图 3-5　江西省土地利用转移面积核密度

4. 土地利用空间转移网络分析

土地利用转移网络能够直观具体地表明土地类型转移活跃度及土地类型间的相互转换情况，有助于揭示各用地类型变化方向，识别某一时段内土地利用转移的空间演化进程。研究在 2005 年、2010 年及 2013 年土地利用数据基础上进行每两期的空间叠置处理，得到各土地利用转移矩阵；并在 UCINET 6.0 软件支持下进行土地利用转移网络制图（图 3-6）及分析。

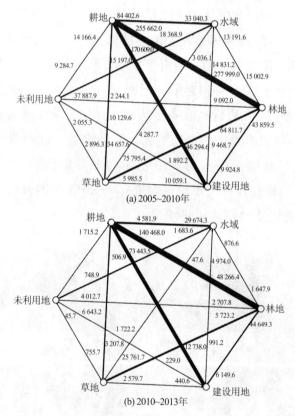

图 3-6　两个时期内鄱阳湖流域土地利用转移网络
图中数字为土地转移量，单位为 hm²

　　土地利用转移网络显示：2005 年以来鄱阳湖流域各类型土地利用均存在转移关系，而人类活动导致了 36 种土地类型转移关系；在众多土地利用转移流中，耕地、建设用地、林地三种土地类型之间的转移占明显优势。2005～2010 年，耕地、建设用地、林地三种地类转移流强度达到 80.2349km²，占所有土地转移流的 62.5%；2010～2013 年，转移流强度进一步提升，达到了

32.57km^2，占所有土地转移流的 75.5%，成为鄱阳湖流域土地利用变化的优势地类。在优势地类转移流中，耕地与林地之间的转移流占主导地位，而耕地与建设用地间的转移流强度也较大，处于次要地位。从优势地类转移流来看，两阶段内的最大转移流发生明显变化。2005～2010 年，林地转为耕地在优势地类转移流及整个土地转移流所占比例最大，分别达到 34.6%及 21.6%，主要分布在环鄱阳湖周边地区及宁都、寻乌等地区；其次为耕地转为林地，其转移强度为 25.5662km^2，占优势地类转移流及整个土地转移流的比例分别达到 31.8%和 19.9%，从空间分布看该转移流主要分布在修水西北部及赣南省际边缘山区部分地区（如石城、寻乌、宁都、上犹等）。2010～2013 年，耕地转为林地在三种优势地类转移流及整个土地转移流的强度最大、比例最高，分别达到 43.1%和 32.6%；耕地转为建设用地的强度次之，所占比例分别为 22.5%和 17%，约为耕地转林地的 1/2；从空间分布来看，耕地转林地多分布在省际边缘地区，而耕地转建设用地多分布于地级市市辖区及其周边县级市和县。总体来看，各地类转为建设用地及林地的强度逐步增强，其转移流占所有土地转移流的比例不断提升；各地类转为建设用地的比例由 2005～2010 年的 19%提升至 2010～2013 年的 30.6%，其中以耕地转建设用地为主导，而水域转建设用地的影响甚小；各地类转为林地的比例由 27.7%增长至 41.1%，增长速度明显提升，其中以耕地转林地为主导，水域对其转移呈现出负增长态势。未利用地在土地转移流中整体呈现负增长态势，主要受到城镇建设及生态文明建设等因素的影响，未利用地在人类活动下得到一定程度的开发。

借鉴社会网络分析中心性指数对鄱阳湖流域各土地转移活跃度进行分析，结果表明：两个时间段内，地类间的活跃程度大小次序均为耕地>林地>建设用地>水域>草地>未利用地。转移活跃程度增强的地类主要有林地、建设用地及耕地，其中，林地的中心性指数由 0.263 增长至 0.314，建设用地的中心性指数增长了 0.039，而耕地转移活跃程度增长较小；转移活跃程度降低的地类则为未利用地、草地及水域，其中未利用地转移活跃程度下降得最少，而水域转移活跃程度显著下降。

3.1.6　土地利用程度

1. 土地利用程度评价方法

不同土地利用类型可以表征土地利用程度和人类活动强度的差异。因此，刘纪远等（2014）提出了土地利用程度综合指数分析方法。他根据人类活动强度由低到高对土地利用程度进行分级，将土地利用划分为未利用地级，林、草、水用地级，农业用地级（含耕地、园地），城镇聚落用地级 4 类，分别赋值为 1、2、3、4。可利用土地利用程度综合指数指标来描述土地利用程度，其计算公式为

$$X = 100 \times \sum_{i=1}^{n} A_i W_i \qquad (3\text{-}5)$$

进一步构建土地利用程度综合变化指数，分析土地利用程度的演变趋势和地域差异，其计算公式为

$$\Delta X_{b-a} = X_b - X_a = \left[\left(\sum_{i=1}^{n} A_i W_{ib} \right) - \left(\sum_{i=1}^{n} A_i W_{ia} \right) \right] \times 100 \qquad (3\text{-}6)$$

式中，X 为土地利用程度综合指数；A_i 为第 i 级土地利用程度分级指数；W_i 为第 i 级土地利用程度面积所占比例；ΔX_{b-a} 为土地利用程度综合变化指数，其值可为正值或负值，分别表征区域土地利用程度增强或减弱；X_a、X_b 分别为 a 时期和 b 时期的土地利用程度综合指数；W_{ia}，W_{ib} 分别为 a 时期和 b 时期第 i 级别土地利用程度面积所占比例。

2. 土地利用程度分析

以县（区）为研究单元分别计算 2005 年、2010 年及 2013 年土地利用程度综合指数和土地利用程度综合变化指数，以反映两个时间段人类活动对土地利用变化的影响程度（图 3-7）。

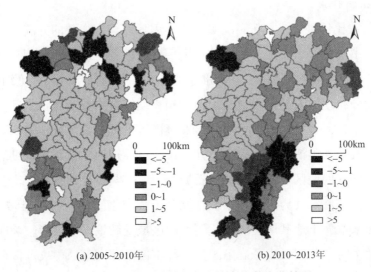

(a) 2005~2010年   (b) 2010~2013年

图 3-7   江西省土地利用程度综合指数变化情况

2005～2010 年, 江西省 91 个研究单元中有 76 个单元的土地利用程度综合指数变化值为正值, 所占比例高达 83.5%, 说明土地利用程度综合指数升高是江西省该时段的主要趋势。各地区土地利用程度综合指数变化差异较大, 其标准差系数达到 2.51, 土地利用程度综合指数变化范围为–7.78～10.82。土地利用程度综合指数变化值 (正值、负值) 大的区域主要出现在赣北地区, 尤其是环鄱阳湖周边地区, 说明在此期间赣北地区, 尤其是环鄱阳湖区的人类活动对土地利用的响应程度较大。其中赣北地区的南昌市、新建县、景德镇市、上饶市、鹰潭市、贵溪市、分宜县及赣南地区的赣州市土地利用程度综合指数水平变化最大, 土地利用程度综合指数增加值均大于 5, 说明这些地区土地利用均处于发展期, 结合土地利用变化来看, 主要是由于耕地及建设用地的增加幅度大于林地的减少幅度。而修水县、广丰县、弋阳县、石城县、定南县、上犹县、上栗县等省际边缘地区, 以及余干县、永修县、星子县、都昌县、九江市等环鄱阳湖周边地区土地利用程度综合指数变化值均小于–1, 主要是由于林地的增加幅度远大于耕地的减少幅度, 同时环鄱阳湖区有一部分耕地转化为水域,因此这些区域土地利用程度综合变化指数为负值。

2010～2013 年, 江西省各地区土地利用程度综合指数变化值为正值的有

78 个，所占比例进一步提升，说明土地利用程度综合指数的升高仍是江西省该时段的主要趋势，但地域差异性较大。该阶段各地区土地利用程度综合指数变化范围为-10.86～7.08，其标准差为 2.12，各地区单元差异呈缩小趋势，但其空间分布地域差异性明显。土地利用程度综合指数变化正值区主要分布在赣北地区，而变化负值区主要分布在赣南地区的东部区域，表明赣南地区在这一阶段受人类活动影响较大。九江市及鹰潭市为土地利用程度综合指数增加值大于 5 的地区，而广昌县、石城县、宁都县、寻乌县、全南县、安远县、于都县、修水县为土地利用程度综合指数变化值小于-1 的县域。

总体来看，土地利用程度变化较大的区域受政策影响因素较为明显，江西省在两个时期分别形成了鄱阳湖生态经济区及赣南等原中央苏区两个国家级规划发展区域，这些因素促进了赣北环鄱阳湖区、赣南地区土地利用活跃区的形成。从土地利用程度综合指数变化值的空间分布来看，变化值大于 1 的县域单元逐步减少，且变化值小于-1 的县域单元也呈缩小趋势，而变化值居于-1～1 的县域单元逐步增多，这也是区域差异缩小的重要原因。

3.1.7 本节小结

自 2001 年江西省确定"以工业化为核心，以大开放为主战略"的发展思路以来，在"坚持依托工业园区办工业"政策指引下，江西省兴起了大规模建设工业园区的热潮，有力地促进了江西省工业化和城镇化进程。这一政府主导的工业化过程对土地利用强度和格局产生了深远的影响。随着近些年鄱阳湖生态经济区建设和赣南等原中央苏区振兴发展等国家级规划的实施，江西省区域经济发展又迎来了新的机遇，传统的经济发展模式和土地资源利用方式面临转型。因此，为了把握 21 世纪以来快速城镇化和工业化进程中的江西省土地利用变化时空动态特征，本节借助由 TM/ETM+遥感影像解译得到的 2005 年、2010 年、2013 年三期江西省土地利用矢量数据，综合运用 GIS 空间分析、景观格局分析、土地转移网络分析等技术方法，对土地利用结构特征、景观特征、动态度特征、空间转移特征进行深入分析。结果表明：

（1）江西省土地利用类型以林地和耕地为主，空间上林地主要分布于赣南、赣东、赣西等省域边缘区，建设用地呈板块状沿主要交通轴线分布。研究期内，江西综合土地利用动态度由 23.59%下降为 12.82%。动态度高值区围绕中心城市集聚特征明显。从各用地类型变化情况来看，草地、耕地、未利用地持续减少，建设用地持续增加，水域先增加后减少，林地则先减少后增加。依据动态度可将全省划分为急剧变化型、快速变化型、慢速变化型、极慢变化型四类区域，环鄱阳湖区域成为急剧变化型区域集聚地带，动态度高值区围绕中心城市集聚特征明显。

（2）土地利用转移非农化特征突出，耕地、建设用地与林地三类用地类型之间的转移占明显优势，是全省用地类型转移的优势地类，地类间转移面积密度呈下降趋势，土地利用类型转移热点区域分布广泛，环鄱阳湖区和瑞兴于地区呈现片状分布，围绕部分地级市则呈现散点状分布。江西省土地利用转移空间格局特征受政策因素影响表现出明显的阶段性和地域性特征，2005～2010 年的赣北环鄱阳湖区及 2010～2013 年的赣南瑞兴于、寻安定地区受到人类活动的影响明显增强。

（3）建设用地斑块的增加，以及林地、耕地等大型生态斑块分割、面积缩小，导致区域整体景观蔓延度下降、景观破碎度上升，一定程度上对区域生态安全和生态平衡造成威胁。

3.2　江西省城乡建设用地演变特征及其驱动机制

1978 年以来，中国在较短的时期里快速地推进着城镇化、工业化进程，刺激了城乡建设用地的大规模的高速扩张，增加建设用地和建设项目空间配置也成为各类空间规划的主要任务，使得"为增长而规划"的导向明显（张京祥等，2013），在促进城乡物质空间改善的同时也导致了城市无序蔓延、土地资源利用低效及生态环境破坏等一系列负面效应（谢高地等，2015a；谈明洪等，2004；王婧和方创琳，2011），城乡建设用地的相关问题研究引起了学界和决策者的高度重视。

城乡转型是指传统的城乡产业与职能划分发生变化，是18世纪以来世界范围内出现的重要社会经济现象。随着中国社会经济的持续发展，城乡发展正步入快速转型阶段，并且以城镇人口不断增长、农村非农产业快速发展、农村人口非农产业就业比重上升为突出特征（李玉恒和刘彦随，2013）。在长期的经济增长、"重城轻乡"发展导向下，城乡融合发展仍然面临着城乡分割、土地分治、人地分离等现实阻力（刘彦随等，2016）。促进和引导城乡土地要素的自由流动和合理配置是统筹城乡发展的基本要求，也是推进城乡一体化的重要路径。因此，科学厘清城市和乡村建设用地不同演变模式及其驱动力差异对于促进城乡协调发展及优化土地资源配置具有重要意义。

已有研究中，地理学者对城乡建设用地的关注主要集中在三个方面，即城乡建设用地时空变化与驱动机制、城市建设用地扩张及模拟和农村居民点演变与空间重构。在城乡建设用地时空变化与驱动机制方面，刘纪远等（2016）基于主体功能区规划对国家尺度不同功能区域的城乡建设用地扩张变化特征进行了遥感分析；罗媞等（2014）基于城乡统筹视角对武汉市城乡建设用地的动态变化特征及驱动机制进行了研究；孟丹等（2013）结合多源遥感影像对京津冀都市圈城市建设用地的空间扩张特征进行了探讨。在城市建设用地扩张及模拟方面，叶玉瑶等（2014）构建了城市扩张的生态阻力面，模拟了在不同情景下广州城市扩张的空间格局及边界分布；李平星和樊杰（2014）研究了生态重要性和土地开发适宜性两种情景下西江经济带主要城市空间形态与体系的演变；李建新等（2015）构建了建设用地扩张-人口增长协调性系数，探讨了鄱阳湖生态经济区用地扩张与人口增长的空间耦合特征。在农村居民点演变与空间重构方面，杨忍等（2015a）对中国村庄的空间分布模式格局及其影响因素进行了探讨；姜磊等（2013）根据自然、社会、经济因素的综合评价结果划分农村居民点布局适宜性等级，并针对不同类型的农村居民点提出差异化整理模式；邵子南等（2014）基于农户调查资料，采用二元 Logistic 回归模型和结构方程模型，从微观视角分析了农户对农村居民点整理的意愿。总体来看，现有研究中对城市扩张和农村居民点格局及优化关注较多，即对城市和乡村建设用地的独立研究较为系统深入，但对城市与乡村建设用地差异化演变过程和机制的研究仍显不足。近年来，随着国家新农村建设，以及推进新型城镇化、城乡一体化，学者对城乡建设用地增减挂钩等土地政策的研究逐渐增多（王振波等，2012；任平等，2014a；孙蕊等，2014），但此类政策因素对城乡建设用地演变的驱动效应定量化测度仍有待进一步探索。

江西省地处中部丘陵山地区，农村地域广布，城镇化水平相对滞后，近年来江西省被相继列入长江经济带、长江中游城市群等国家级发展规划，这为推进江西省城乡统筹发展带来新的机遇。鉴于此，本节以江西省为案例区，综合运用数理统计、空间分析、土地利用转移流等研究方法，分析江西省城市与乡村建设用地的时空演变特征，从市场层面和政策层面探测城乡建设用地演变的驱动因子，为江西省统筹城乡发展和优化土地资源配置提供借鉴。

3.2.1　数据来源与处理

本节利用的数据包括 2005 年和 2013 年两期江西省土地利用矢量数据，经提取得到两期江西省城乡建设用地数据，并搜集了来源于"国际科学数据服务平台" SRTM 90m 分辨率的江西省 DEM 数据及江西省 1 : 50 万行政区划图。其他社会经济数据来源于历年《江西统计年鉴》《中国县（市）社会经济统计年鉴》。

3.2.2　城乡建设用地演化的总体特征

由表 3-4 可知，2005～2013 年江西省城乡建设用地的斑块总数、斑块总面积和斑块密度都在不断增加，而平均斑块面积有所下降。其中城镇用地斑块个数增加了 1155 个，斑块总面积增加了 617.80km²，斑块密度增加了 0.0069 个/km²，平均斑块面积则减少了 0.0633km²；农村居民点斑块个数增加了 8103 个，斑块总面积增加了 392.53km²，斑块密度增加了 0.0486 个/km²，平均斑块面积减少了 0.0077km²。

表 3-4　江西省城乡建设用地景观年均变化率

类别	斑块个数 （NP）（个）	斑块总面积 （CA）（km²）	斑块密度 （PD）（个/km²）	平均斑块面积 （AREA_MN） （km²）
2005 年城镇用地	1 740	1 206.95	0.010 4	0.693 6
2013 年城镇用地	2 895	1 824.75	0.017 3	0.630 3
2005~2013 年城镇用地 变化量（%）	1 155	617.80	0.006 9	-0.063 3
2005 年农村居民点	31 465	2 708.91	0.188 5	0.086 1
2013 年农村居民点	39 568	3 101.44	0.237 1	0.078 4
2005~2013 年农村居民 点变化量（%）	8 103	392.53	0.048 6	-0.007 7

注：受四舍五入的影响，表中数据稍有偏差

　　景观指数的变化表明江西省城乡建设用地的斑块数量和用地规模均在扩大，但具有一定差异性。城镇用地斑块数量相对较少，平均斑块面积较大，城镇发展呈现明显的集聚特征，且城镇用地增加速度明显快于农村居民点，城镇扩张和新城新区建设现象较为突出。而农村居民点斑块数量远大于城镇用地，平均斑块面积极小，呈现相对破碎化的景观格局，农村居民点增长速率较为缓慢，但增长绝对数量较大，乡村聚落"散"、"乱"和"空"特征突出。

3.2.3　城乡建设用地演化的空间分异

1. 土地利用相对变化率测算方法

　　为分析研究区内土地利用变化的区域差异，引入土地利用相对变化率进

行定量分析（谭雪兰等，2014），计算公式为

$$R = \frac{(K_b - K_a) \times C_a}{(C_b - C_a) \times K_a}$$　　　　　　（3-7）

式中，K_a、K_b 分别为局部区域某一特定土地利用类型研究期初、期末的面积；C_a、C_b 分别为整个研究区该土地利用类型研究期初、期末的面积。当 $R<0$，表示该地区农村居民点面积比期初减少；当 $R>0$，表示该地区农村居民点面积比期初增加；若 $|R|>1$，表示该局部区域居民点用地变化幅度大于整体水平；反之，若 $|R|<1$，则表示该局部区域居民点用地变化幅度小于整体水平。

2. 城乡建设用地演化的县域差异

以江西省 91 个城市（地级市、县级市及县）为基本单元，根据土地利用相对变化率对城乡建设用地变化的区域差异进行分析，根据相对变化率的特点，将研究区分成 4 类区域：快速缩减区（$R<-1$），此类区域建设用地比期初减少，且变化幅度大于整体水平；缓慢缩减区（$-1<R<0$），此类区域建设用地比期初减少，且变化幅度小于整体水平；缓慢增长区（$0<R<1$），此类区域建设用地比期初增加，且变化幅度小于整体水平；快速增长区（$R>1$），此类区域建设用地比期初增加，且变化幅度大于整体水平。结果如图 3-8 所示。

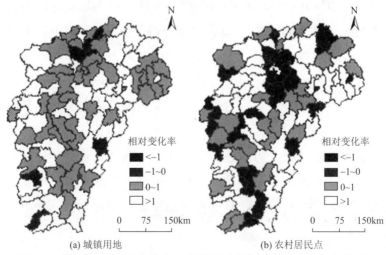

(a) 城镇用地　　　　　　　　　　(b) 农村居民点

图 3-8　城镇用地相对变化率和农村居民点相对变化率的空间格局

城镇用地绝大多数地区呈增长态势，只有湖口、星子、永修、广昌、上犹和全南 6 县城镇用地有所减少，属于缓慢缩减类型，减少的绝对面积较小，未出现快速缩减区，说明在快速城镇化进程中，增量型的土地城镇化模式仍是主流。城镇面积增长的地区中，定南县相对变化率居第一，达 35.62%，鄱阳县相对变化率居第二，为 15.95%，峡江县相对变化率居第三，为 10%。快速增长区主要分布在江西省东西两侧，缓慢增长区则在江西省中部京九沿线地区及上饶东部，究其原因，主要是受到京九线等交通干线的带动，中部沿线地区城镇化发展较早，而赣中、赣西受制于地形约束、交通滞后等因素，城镇化发展缓慢，近年来由于政策支持和交通条件的改善，土地城镇化需求逐步释放出来。

和城镇用地变化情况相似的是，农村居民点增长型区域仍然占据主导地位，不同的是农村居民点增减变化呈现明显的城乡两极分化特点。快速缩减区包括景德镇市、浮梁县、上栗县、上饶市、新建县和定南县 6 个单元，缓慢缩减区主要分布在九江市、南昌市、吉安市、赣州市、萍乡市、宜春市、抚州市及鹰潭市的部分县区。深入分析可以发现，农村居民点面积减少地区集中分布在地级市辖区及其周边县级市及县，原因主要有两个方面：一方面，近年来这些区域城镇化速度加快促使大量农村居民点转变为城镇用地，如昌九一体化政策的推动，促进了昌九城镇化的发展，而丰城市、樟树市、高安市（以下简称"丰樟高"）是宜春市下辖的三个县级市，是江西最密集的城市群之一，早在 2002 年，宜春市就提出"一心一圈两走廊"的发展构想，通过"心圈廊"的建设，以"丰樟高"为圈的板块带动城镇化快速发展壮大。另一方面，受地理空间近邻效应影响，地级市优先向空间邻近、交通便捷的周边地区扩张，促使了周边地区农村居民点的减少，形成以地级市为核心、周边县级市和县为延伸的农村居民点连片缩减格局。其余的大部分县域，农村地域广布，随着农村人口增长、农户收入水平提高，农村建房和基础设施建设需求明显增长，促进了农村建设面积的持续扩大。

3.2.4　城乡建设用地空间转移特征

为了厘清快速城市化进程中城乡建设用地与其他土地利用类型的交互状况，研究从转移方向和数量方面对城镇用地和农村居民点的转入转出情况进行统计，并利用社会网络分析工具 UCINET 进行可视化表达（图 3-9、图 3-10）。

城镇用地与各用地类型均产生了相互转移的现象。城镇用地转入地类中，耕地、工交建设用地、林地、农村居民点面积位居前四，且达到较大的面积规模，而水域、草地、未利用地转换成城镇用地的面积较少，其中城镇用地对耕地的侵占最为突出，达到 31 093.9hm^2；由工交建设用地更新改造增加的城镇用地达 23 180.4hm^2，处于第二位；从林地转入城镇用地的面积达到 10 849.8hm^2；由农村居民点整治演变为城镇用地的面积为 7992.7hm^2。城镇用地转出方向上，处于前四位的是工交建设用地、耕地、农村居民点和林地，其中转为工交建设用地的规模最大，达到 8460.5hm^2，由城镇用地转变为耕地、农村居民点和林地的面积分别为 5147.6hm^2、2606.9hm^2、1789.9hm^2。可见，作为城镇化进程中持续增长的用地类型，城镇用地转出量远远小于转入量，且主要的转出方向也是用于城市工交建设用地。

虽然农村居民点用地的空间转移也覆盖了全部地类，但相较于新增城镇用地来源相对分散，农村居民点新增面积则主要来自于耕地，达到 70 663.9hm^2；林地转入面积为 9391.3hm^2，处于第二位；其他地类的转入面积则相对较小。从农村居民点转出方向上看，农村居民点转为耕地最为显著，总规模达到 28 435.9hm^2；另外，农村居民点用地性质明显受到区域城镇建设和工业发展的影响，农村居民点转化为工交建设用地和城镇用地的面积分别为 9745.2hm^2 和 7992.7hm^2，占转出总面积的比重分别为 18.4% 和 15.1%。

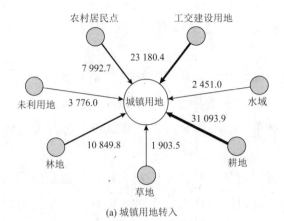

(a) 城镇用地转入

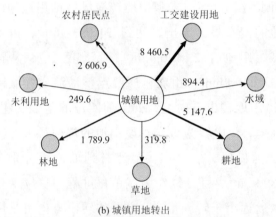

(b) 城镇用地转出

图 3-9 城镇用地与各地类的空间转移（单位：hm^2）

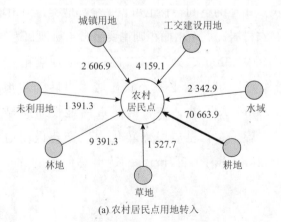

(a) 农村居民点用地转入

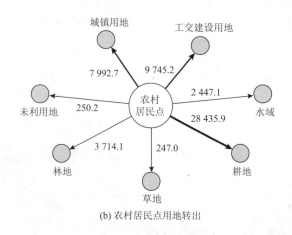

(b) 农村居民点用地转出

图 3-10　农村居民点用地与各地类的空间转移（单位：hm^2）

3.2.5　城乡建设用地演变的驱动机制

1. 变量选取说明

城乡建设用地作为最基本的区域发展要素之一，其演变过程不仅受到经济发展、人口增长、产业结构演进、交通条件等社会经济因素的影响（李红波等，2014）；同时作为各类规划落实的空间载体，也受到多种国土空间开发政策调控的影响，主要表现为各级政府制定的制度、法律、规划等对土地利用的影响，从宏观层面的主体功能区规划至城市层面的"四线三区"（四线指城市蓝线、绿线、紫线、黄线；三区指禁建区、限建区、适建区）划分，以及基本农田保护区、城乡建设用地增减挂钩政策等，均体现了政府政策对国土资源利用和配置的主导性作用。基于以上分析，本节对城乡建设用地驱动力主要从市场层面和政策层面展开，根据科学性、代表性和数据可获取性原则，分别构建城市和乡村建设用地驱动因子体系（表 3-5），采用多元回归分析对城乡建设用地变化的驱动因素进行定量分析。

表 3-5　城乡建设用地驱动因子指标体系

因变量	自变量	指标选择依据
城镇/乡村建设用地变化量（Y_u，Y_r）	路网长度（X_1）	交通条件
	非农产业/农业产值变化量（X_{u2}，X_{r2}）	产业结构演进
	城镇/乡村人口变化量（X_{u3}，X_{r3}）	城乡人口变化
	工业/农村用电量（X_{u4}，X_{r4}）	城乡经济活力
	城镇用地占用农村居民点面积（X_{u5}）	城乡建设用地增减挂钩政策作用力
	粮食增加量（X_{r5}）	农业生产力水平
	新增城镇/乡村建设用地占用耕地面积（X_{u6}，X_{r6}）	土地利用政策对建设扩张的作用力
	新增城镇/乡村建设用地占用林地面积（X_{u7}，X_{r7}）	生态保护政策对建设扩张的作用力
	新增城镇/乡村建设用地占用水域面积（X_{u8}，X_{r8}）	

2. 相关性分析及回归分析

借助 SPSS 软件对城乡建设用地变化量与表 3-5 中的每个自变量进行线性相关性分析，考察城乡建设用地与驱动因子的相关系数及显著性水平。由表 3-6 可见，城镇建设用地与各自变量均具有显著的正相关关系，表明各自变量越大，新增城镇用地面积越大；乡村建设用地方面，驱动因子中除了新增乡村建设用地占用林地面积 X_{r7}、新增乡村建设用地占用水域面积 X_{r8} 两个因子外，其余自变量与农村居民点变化均呈现显著的正相关关系。

表 3-6　城乡建设用地与影响因素的双变量相关系数

因变量	自变量	双变量相关系数	因变量	自变量	双变量相关系数
Y_u	X_1	0.415**	Y_r	X_1	0.124*
	X_{u2}	0.771**		X_{r2}	0.628**
	X_{u3}	0.61**		X_{r3}	0.734**
	X_{u4}	0.347**		X_{r4}	0.565**
	X_{u5}	0.62**		X_{r5}	0.618**
	X_{u6}	0.742**		X_{r6}	0.016*
	X_{u7}	0.392**		X_{r7}	0.049
	X_{u8}	0.755**		X_{r8}	0.033

*在 0.05 水平上显著；**在 0.01 水平上显著

　　虽然各驱动因子与城乡建设用地间存在显著的正相关关系,但这种相关关系并不等同于因果关系。相对于双变量线性相关分析,多元线性回归分析可以更为准确全面地诊断城乡建设用地演变与驱动因子的关系。利用 SPSS 统计软件采用逐步回归方法分别对城乡建设用地变化量驱动因子进行多元线性回归分析,分别得到城乡建设用地演变的多元线性回归模型(表 3-7、表 3-8)。由表 3-7 可知,城镇建设用地演变的影响因素回归方程拟合优度为 $R^2=0.869$,且通过 1‰的显著性检验,逐步回归后的 5 个自变量对城镇建设用地变化的解释度约为 87%,5 个自变量的解释力由高至低为城镇用地占用耕地量、城镇用地占用水域量、城镇人口变化量、城镇用地占用林地量、工业用电量。由表 3-8 可知,农村居民点演变驱动因子的回归方程拟合优度为 $R^2=0.667$,通过了 1‰的显著性检验,经逐步回归后的 5 个自变量对农村居民点变化的解释力度约为 67%,驱动因子解释力度由高至低排序为乡村人口变化量、农村用电增加量、粮食增加量、路网长度、新增农村居民点占用耕地量。

表 3-7　城镇建设用地演变与影响因素的回归分析

自变量	B	标准差	标准系数	t	VIF
常量	1 283 269	1 020 437	—	1.258	—
城镇用地占用耕地量	11.463	0.977	0.539	11.736***	1.274
城镇用地占用水域量	1.314	0.236	0.305	5.563***	1.809
城镇用地占用林地量	2.364	0.623	0.173	3.796***	1.253
城镇人口变化量	465 350.7	115 286	0.212	4.036***	1.673
工业用电量	44.27	15.293	0.136	2.895***	1.323
调整 R^2			0.869***		

***在 0.001 水平上显著。

　　注:B 为回归系数;t 为 t 检验值;标准系数为标准化的回归系数,可用于各因素影响程度大小的比较;VIF 为膨胀方差因子,是判断回归模型是否存在多重共线性的指标,一般而言,VIF 小于 10,即不存在共线性。本书余同

表 3-8　农村居民点演变与影响因素的回归分析

自变量	B	标准差	标准系数	t	VIF
常量	5 060 664.8	1 975 346.09	—	2.562*	—
乡村人口变化量	1 551 255.6	313 932.35	0.431	4.941***	1.807
农村用电增加量	629.5	132.13	0.412	4.764***	1.775
粮食增加量	56.57	17.481	0.271	3.236**	1.666
路网长度	−3 299.526	1 168.04	−0.217	−2.825**	1.396
新增农村居民点占用耕地量	−0.207	0.102	−0.159	−2.036*	1.445
调整 R^2			0.667***		

*在 0.05 水平上显著；**在 0.01 水平上显著；***在 0.001 水平上显著

3. 驱动力综合阐释

综合相关性分析及回归分析结果，驱动城乡建设用地演变的因素可总结为政策力和市场力两个方面（图 3-11）。政策力包括规划决策、政府 GDP 导向、大型工程建设等；而市场力则包含城镇化、工业化、交通牵引、非理性住房需求等因素。

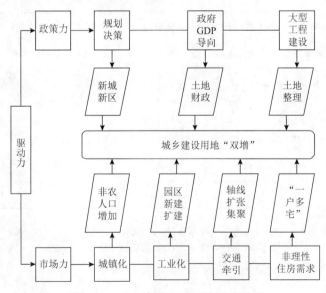

图 3-11　城乡建设用地增长驱动过程

（1）市场力对江西省城乡建设用地的驱动

城镇化极大地推动了城市房地产业的繁荣及农村建房的热潮。城乡建设用地变化与城乡人口变化均具有显著的正相关性，表明非农业人口增加是驱动江西省城乡建设用地增加的重要因素，2005～2013 年，江西省人口城镇化率由 37.1%提升至 48.9%，显著刺激了城镇居住及交通基础设施用地的需求。另外，江西省是典型的劳务输出省份，近年来随着内陆地区经济发展环境的改善，越来越多的外出务工人员返乡创业就业，促进了城乡建设用地的增加，特别是推动了农村建房的热潮。

工业化是建设用地增长的重要驱动力。用电量对城乡建设用地演变均具有较好的解释度。对于城市而言，工业用电量的增长意味着更大规模的工业生产活动，21 世纪以来，江西省实施"以工业化为核心，以大开放为主战略"的发展思路，全省兴起建设工业园区的高潮，促使建设用地高速增长。用电量（张潇方等，2014）作为"克强指数"的三大指标之一，可较为客观地反映区域社会经济的活力。数据显示，2005～2013 年江西省 GDP 总额由 4056.2 亿元增至 14 338.5 亿元，增长了 2.5 倍左右，全社会固定资产投资及社会消费品零售总额均大幅度提升。经济发展水平的显著提升，带动了城乡建设的需求同时提供了资金保障。

交通基础设施对于国土开发和生产力布局的集聚和辐射起着基础性制约作用（黄晓燕等，2011；文玉钊等，2016）。本节的研究内容进一步印证了该观点。相关性分析结果表明，路网长度与城乡建设用地变化具有显著的相关性，但回归分析结果显示，交通条件对建设用地的影响主要体现在农村地区，二者呈现负相关关系，显示出农村居民点空间布局偏离交通发达地区的区位指向；而路网长度与城镇用地变化之间相关性并不明显。可能的原因是，相对于乡村地区，城市区域交通网络相对密集、完善，在此基础上发育和形成的城镇用地形态较为稳定，新城建设、新区开发更多受到既有交通网络的惯性影响。

非理性住房需求也是推动建设用地增长的重要因素。住房附带的"财富""面子"等攀比心理，以及根深蒂固的"有房才有家"等观念在江西地区盛行，对人们的建房和买房行为影响深远，突出表现在农村地区村民"建新不拆旧""一户多宅"等现象，以及城市中的囤地、炒房现象。

（2）政策力对江西省城乡建设用地的驱动

城镇建设用地增长具有显著的行政主导特征，是自上而下的驱动过程。由回归分析结果可知，江西省城镇用地对耕地、水域、林地的占用是城镇用地演变的重要因素，其中城镇用地对耕地的占用最为突出。主要原因在于，一方面，随着城市规模的扩大，政府需要通过制定新城新区规划满足城市发展的需要，新增人口、新城新区建设、配套设施都需要更多的土地供给，现有的城镇用地不能满足需求，政府采取经济、行政等多种政策征地或者通过土地整理来获取城市建设新增用地；另一方面，地方政府对土地财政的依赖，也助推了地方政府的过度征地行为。在此背景下，地方政府的土地相关政策更加倾向于促进农地转用、扩大建设用地面积，导致了城镇用地对耕地、水域等农地和生态用地的占用。在这一过程中，政府通过规划制定、建设选址、土地征用、投资、建设等方式全面地主导着城镇建设用地的空间演化过程。

农村居民点的变化受到多种土地政策实施的综合作用。根据回归方程，农村居民点变化与其对耕地的占用表现为显著的负相关性，即农村居民点增加越多的地区，占用耕地反而相对较少。仔细分析可知，江西省在新农村建设中注意落实节约用地、保护耕地原则，充分利用丘陵、岗地、缓坡和非耕地进行建设，同时，强化"空心村"的整治，推进自然村撤并和中心村镇建设，有效地落实了耕地动态平衡的原则，这一系列政策的实施在一定程度上缓解了当前农村"人减地增"的不良局面，对于耕地保护和可持续利用具有重要意义。

4. 城乡建设用地驱动力差异分析

对比城乡建设用地演化特征及其驱动因素可以发现，城乡建设用地的内在驱动过程具有显著的差异性。其一，城镇用地扩张迅速，是一种行政主导、自上而下的推动过程。政府部门在此过程中发挥着关键的作用，城市政府通过规划决策、大型土地工程来主导城乡各类土地资源的配置，并且通过大量的土地出让获取"土地财政"，形成反馈进一步影响政府的土地管理行为，促进城镇用地的增长；其二，农村居民点往往规模小、分布零散，建设用地增加途径较为单一，因人口增长而扩大的住房需求往往通过自发性的占用耕地和林地来实现，并且由于过度追求更高住房标准等攀比心理的盛行，往往形成"一户多宅""老房不拆，又建新房"等土地资源浪费现象。因此，农户建房决策及村集体组织行为在农村建设用地变化中起决定作用。值得注意的是，本节的分析表明政策因素已经对农村建设用地产生明显的影响，新农村建设及"空心村"整治等政策的实施有助于缓解农村地区"人减地增"的问题，促进耕地资源的保护。

3.2.6　本节小结

以江西省为研究对象，综合利用土地利用调查数据和社会经济数据，分析了全省城乡建设用地时空演变特征，根据相对变化速度划分了各地级市、县级市及县建设用地变化类型，对城乡建设用地的驱动力进行分别探究。主要结论为：①2005～2013 年，城乡建设用地斑块数量和用地规模均呈现扩大趋势，城镇用地面积由 1206.95km^2 增加至 1824.75km^2，农村居民点面积由 2708.91km^2 扩张至 3101.44km^2，城镇用地扩张速度大于农村居民点面积增长速度，城镇用地呈现空间集聚分布，农村居民点散乱化特征明显。②以地级市、县级市及县为单元考察城乡建设用地变化情况显示，城乡建设用地增长型地区均占据主导地位，传统上经济发展滞后的地区土地城镇化速度加快，而城镇化发展优势地区受中心城市扩张和更新的影响，农村居民点面积急剧减少。③从城乡建设用地与其他地类的交互来看，城镇用地性质相对稳固，以其他地类转入城镇用地为主，新增用地主要借助政府行政手段征用其他地类来实现，增量用地来源更为广泛，而新增农村居民点则主要来源于耕地，农户占用耕地自发性特征明显，"一户多宅"等土地资源浪费现象较为突出。④市场力和政策力对城乡建设用地的驱动作用具有明显的差异性，体现了城乡要素二元化制度安排下的土地资源配置特征。

城乡建设用地作为国土空间开发的关键空间载体，实现城乡建设用地的可持续利用是土地资源管理的重要目标。当前在推进国土空间开发中应注意：在土地利用总体规划指引下，加强新建项目审批及土地监管执法，控制城乡建设用地总体规模，充分利用城市存量建设用地；优化各类新城新区建设用地格局，推进产城融合的区域开发模式，营造功能混合的紧凑型城市空间，提高土地利用节约集约度；积极推进城乡建设用地增减挂钩等政策试点实施，尽量减少对耕地等农地和生态用地的占用，做到耕地占补平衡；加快建设城乡统一的建设用地市场，深化征地制度、农村宅基地退出制度及经营性集体建设用地流转制度等农村土地制度改革，为城乡要素合理有序流动提供相应制度保障。

3.3　江西省农村居民点时空特征及其影响因素

农村居民点是农村居民的主要聚居场所，是农村地域重要的生产、生活、生态空间。在中国快速城镇化进程中，乡村聚落空间受到城市化的影响而发生快速转型，快速的城乡人口、土地、信息等要素流动促进了城乡融合发展，同时，不彻底的城镇化也带来了村庄建设粗放无序、环境压力增大、农村空心化、乡村特色破坏等一系列问题，对乡村物质空间和社会空间形成双重冲击，成为我国推进新型城镇化和城乡统筹发展的痛点（Chen et al., 2016; Long et al., 2012; Wang et al., 2016）。

近年来，在国家实施新农村建设、推进新型城镇化、促进城乡统筹发展的背景下，乡村聚落发展问题受到研究者的高度关注，形成较丰富的研究成果。当前，农村居民点空间格局特征（任平等，2014b；杨忍等，2015a；辜寄蓉等，2015；刘仙桃等，2009）、时空演化及驱动机制（海贝贝等，2013；闵婕和杨庆媛，2016）、土地利用格局优化及空间重构（赵思敏和刘科伟，2013；唐承丽等，2014；陈永林和谢炳庚，2016）聚落景观与类型划分（刘沛林等，2011；任国平等，2016）、农村居民点整治改造（李旺君和吕昌河，2013；胡学东等，2016；杨俊等，2013；周磊等，2015；郭连凯和陈玉福，2017）等成为地理学及相关学科集中关注的热点问题。从研究方法和视角来看，呈现出地理学、景观学、社会学、经济学等多学科交叉融合，RS/GIS 空间分析、社会调查等多方法综合集成的趋势。从研究区域和尺度来看，沿海快速城镇化区域及山地丘陵地区、典型农区等特色类型区的研究较多。总体看来，已有研究以县域、村域等小尺度区域研究为主，虽有助于揭示居民点空间格局微观驱动机理，但对于宏观时空特征把握不足。在农村居民点格局形成机制解释上，多数研究侧重于地形、区位等地理因子，对驱动农村建设的内外部社会经济政策等宏观背景的重视不够。事实上，长期来看，农村居民点格局的形成与演变主要由自然本底条件决定，但在较短的时期内，宏观社会经济因素将起主导作用（史培军等，2000）。因此，进一步加强省域等宏观尺度农村居民点时空差异特征研究，并探讨其综合影响因素具有重要意义。

江西省是传统的农业省，农村地域广布，又地处江南丘陵地区，山江湖兼具的自然地理环境孕育形成了独具特色、地域差异鲜明的乡村聚落空间格局。2005～2015 年，江西省城镇化率由 37.1%提高至 51.62%（江西省统计局，2016），乡村人口持续减少，城乡用地发生显著变化。鉴于此，本节利用农村居民点矢量数据，集成网格分析、样带分析、地统计分析等方法，结合网格和县域两类分析尺度，揭示江西省农村居民点分布格局规律及其空间差异特征；构建包含自然因素和社会经济因素的指标体系，借助地理探测器工具对其影响因素进行探测，以期为江西省的新型城镇化和美丽乡村建设提供参考。

3.3.1　数据来源与处理

从 2005 年、2010 年、2013 年江西省土地利用数据中提取得到三期江西省农村居民点矢量数据，作为本节原始数据。其余基础地理数据来自国家基础地理信息中心，将全部地理数据投影统一转换为 Krasovsky_1940_Albers。社会经济数据获取自《江西统计年鉴》（2014 年）、《中国县（市）社会经济统计年鉴》（2014 年）。

3.3.2   农村居民点总体特征

江西省农村居民点空间分布总体上呈现数量多、规模小、大分散小集聚的基本特征。居民点数量、居民点总规模及居民点密度均有不同程度的增加，而居民点平均面积则呈下降趋势。如表 3-9 所示，2005～2013 年，居民点总数由 31 465 个增加至 39 568 个，增长了 25.8%；居民点总面积增加 392.53km²，增长了 14.5%；居民点密度由 0.19 个/km² 增至 0.24 个/km²，居民点平均面积则由 0.086km² 下降至 0.078km²。借助 ArcGIS 测算得到农村居民点分布的平均最近邻指数，结果显示，R 统计量平均为 0.57，且其标准化 Z 值均小于−1.96，为集聚分布模式，说明江西省农村居民点局部集聚分布特征显著。

表 3-9   江西省农村居民点统计

年份	居民点总数（个）	居民点总面积（km²）	居民点密度（个/km²）	居民点平均面积（km²）
2005	31 465	2 708.91	0.19	0.086
2013	39 568	3 101.44	0.24	0.078

3.3.3   基于网格的农村居民时空特征

1. 网格分析法

结合 GIS 和 RS 技术，利用微观尺度的网格单元可更为细腻地刻画地理事物的动态演变过程，相比于传统行政单元分析更具优势。基于 5km×5km 网格单元，对 2005 年、2010 年、2013 年江西省的农村居民点用地斑块数据进行斑块数量和面积规模统计，计算得到每个网格单元内斑块数量和用地面积，从而揭示江西省农村居民点分散程度和用地面积的时空演变过程。

2. 基于网格的农村居民点分散度分析

江西省农村居民点数量空间差异显著。2005～2013 年，5km×5km 网格内农村居民点数量大于 5 的网格分布总体呈现北密南疏的空间格局（图 3-12），农村居民点数量大于 10 的网格主要分布在环鄱阳湖平原、赣抚平原、吉泰盆地等城镇密集区，其中农村居民点数量大于 25 的高值区域主要聚集在地级市周边，另外在抚河、赣江等水域河谷平原地区也有部分高密度乡村聚落呈散点状分布。而赣南低山丘陵地区、武夷山片区、罗霄山片区、幕阜山片区等边缘山区，乡村聚落则分布稀疏，单元网格内农村居民点数量基本小于5。从数量动态变化来看（表3-10），农村居民点数量为0的网格数由2120个减少为1718个，所占比例由30.2%下降至24.47%。同时，原有聚落分布的网格农村居民点斑块分布更为密集，其中以农村居民点数量在11～15的网格增长最为迅速。可见，在人口非农化加速背景下，农村居民点数量并未表现出减少或持平的状态，反而持续增长。当然，在数量增长的总体趋势下，受到农村居民点整治工程及退耕还林还湖等生态移民政策实施的驱动，在城市周边与山区也存在局部数量缩减的现象［图3-12（c）］。

表 3-10　基于 5km×5km 网格的农村居民点数量

农村居民点数量	2005 年		2010 年		2013 年	
	网格数（个）	比例（%）	网格数（个）	比例（%）	网格数（个）	比例（%）
0	2120	30.2	1758	25.04	1718	24.47
1～5	2635	37.53	2548	36.29	2527	35.99
6～10	1056	15.04	1100	15.67	1122	15.98
11～25	1056	15.04	1385	19.73	1420	20.23
26～63	154	2.19	230	3.28	234	3.33

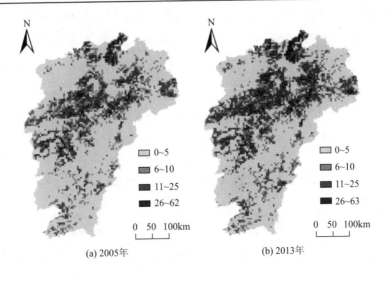

(a) 2005年　　　　　　　　　(b) 2013年

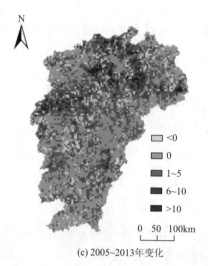

(c) 2005~2013年变化

图 3-12 基于 5km×5km 网格的农村居民点数量空间分异

3. 基于网格的农村居民点用地面积分析

江西省农村居民点用地面积分布与农村居民点数量分布具有一致性（图 3-13）。空间分布上，平原区的用地面积明显大于丘陵区、山地区，鄱阳湖平原、赣抚平原及部分河谷平原区域乡村建设面积较大，5km×5km 网格内较多网格单元农村居民点用地面积达到 1km² 以上，而大部分边缘山区农村居民点用地面积则相对较小，基本上不到 0.5km²。时序变化上（表 3-11），用地面积为 0 的网格数量大幅减少，其他类型的网格总体呈增加趋势，其中用地面积在 1~2km² 的网格增幅最大，2005 年，农村居民点用地面积大于 1km² 的网格数为 839 个，占比为 11.95%，至 2013 年增加至 1050 个，占比增至 14.95%。城市周边的村庄受城市扩张和交通辐射带动，用地性质向城市化转变，以南昌市及各地级城市周边最为显著；受到退耕还林还湖系列生态政策实施影响，部分农村居民点向生态用地转变，该用地类型转变空间分布较为分散。

表 3-11 基于 5km×5km 网格的农村居民点用地面积

面积（km²）	2005 年		2010 年		2013 年	
	网格数（个）	比例（%）	网格数（个）	比例（%）	网格数（个）	比例（%）
0	2120	30.2	1758	25.04	1718	24.47

续表

面积（km²）	2005 年		2010 年		2013 年	
	网格数（个）	比例（%）	网格数（个）	比例（%）	网格数（个）	比例（%）
0~0.5	3121	44.45	3222	45.89	3205	45.65
0.5~1	941	13.4	1032	14.7	1048	14.93
1~2	625	8.9	776	11.05	826	11.76
大于 2	214	3.05	233	3.32	224	3.19

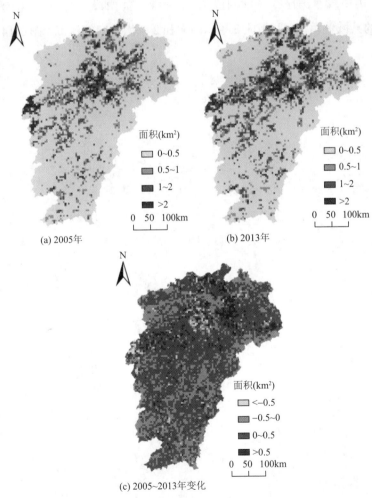

图 3-13　基于 5km×5km 网格的农村居民点用地面积空间分异

3.3.4　基于县域的农村居民点用地面积分析

1. 样带选取及地统计趋势面分析

样带是指由一个主导因素驱动在空间上具有梯度变化规律的线状研究区域或具有明显差异特征的线状地域类型。样带分析可更有效地揭示江西省农村居民点的空间分异规律及其形成机理的地域差异性。据此，在借鉴相关研究基础上（胡丹等，2014），综合考量江西省自然地理格局和社会经济发展格局，选择赣北边境线、沪昆线（江西段）、京九线（江西段）及向莆线（江西段）10km 内的县域单元，串联组成 2 条东西向和 2 条南北向的样带（图 3-14），四条

图 3-14　样带设置及空间分布

多个字符表示该县域同属多个样带，如 a/c 表示同属赣北边境样带和京九样带

样带自然地理特征和社会经济发展水平差异明显，代表性较好（表 3-12）。
其中，沪昆样带横贯东西，用以体现东西向地域差异，沿线城市共 24 个，人
口密度大，城镇分布密集，经济发展水平总体较高；京九样带连接南北，途
经南昌市、九江市、吉安市、赣州市等省内主要城市，社会经济水平差异较
大，由北至南依次经过鄱阳湖平原、吉泰盆地、赣南丘陵山区，是刻画南北
向地域分异规律的理想轴线；赣北边境样带靠山、沿江、滨湖，自然地理特
色鲜明，样带内共 13 个城市，人口密度相对较低，第一产业占比较高，社会
经济发展水平相对滞后；向莆线与抚河干流高度重合，随着昌抚一体化规划
的实施，逐渐成为全省生产力布局的重要轴线，可作为全省样带分析的重要
补充。

表 3-12　四条样带社会经济基本情况

样带名称	沿线城市数量（个）	人均 GDP（元）	人口密度（人/km²）	农村居民人均纯收入（元）
赣北边境样带	13	26 676	265	8 618
沪昆样带	24	43 066	468	9 533
京九样带	25	42 403	349	7 932
向莆样带	10	52 042	455	10 642

趋势面是对地理要素或观测值实际分布曲面的近似处理，用以表达其在
空间上的变化趋势和分布规律。本节以各县域农村居民点用地面积为观测值，
借助 ArcGIS 地统计分析模块，运用趋势面分析县域农村居民点用地规模的
空间分异特征。

2. 县域农村居民点用地面积空间演化趋势

为进一步揭示江西省农村居民点用地面积时空分异规律，以县域为分析
单元，选取赣北边境线、沪昆线、京九线及向莆线作为典型样带（图 3-14），
利用 ArcGIS 地统计分析模块进行趋势面分析，并绘制各样带县域农村居民
点用地面积变化趋势线（图 3-15）。结果表明：①赣北边境样带东部和西部
均为山地森林屏障，中部为长江及鄱阳湖湿地生态屏障，为全省乡村聚落面

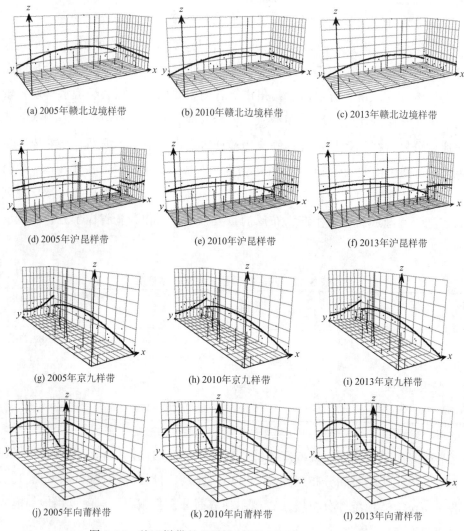

(a) 2005年赣北边境样带   (b) 2010年赣北边境样带   (c) 2013年赣北边境样带

(d) 2005年沪昆样带   (e) 2010年沪昆样带   (f) 2013年沪昆样带

(g) 2005年京九样带   (h) 2010年京九样带   (i) 2013年京九样带

(j) 2005年向莆样带   (k) 2010年向莆样带   (l) 2013年向莆样带

图 3-15   基于样带的县域农村居民点用地面积趋势线

积规模较小的一类区域。2005～2013 年该样带县域农村居民点面积均呈现东西高、中部低的倒"U"形格局，相对于 2005 年、2010 年和 2013 年趋势线整体有所下降，主要是受到鄱阳、广丰等少数县域农村居民点面积显著增加的影响。②沪昆样带自东向西过境上饶、鹰潭、抚州、南昌、新余、宜春、萍乡 7 市，是反映全省东西向地域分异规律的典型样带。农村居民点面积均表现出西部高、中部较高、东部低的半抛物线变化趋势。③京九样带纵贯全省，沿线自然环境、经济发展水平地域差异显著。研究期内，样带内县域农村居民点面积变化趋势不显著，均呈现出中部高、两边低的倒"U"形空间变化格局。④向莆样带包含南昌和抚州的部分地区。2005 年，样带趋势线大致表现为由南往北逐步攀升的一条斜线。2010 年和 2013 年，受到南昌县、新建县农村居民点面积收缩的影响，趋势线北端略有下降，逐步演变为一条北高南低的半抛物线。

对比四条样带发现，向莆样带变动趋势最为明显；京九样带和向莆样带的南北向分异要比赣北边境样带和沪昆样带的东西向分异更大，说明江西省农村居民点规模南北差异大于东西差异；综合四条样带趋势线演变特征来看，大体呈现出中部相对较高、两端相对较低的变化特征。

3.3.5　县域农村居民点用地面积影响因素

1. 地理探测器模型及变量选取

地理探测器可有效地识别出不同影响因子对地理事物空间分布的决定力大小，其核心思想认为处于不同空间位置的地理事物，制约其发展变化的环境因素具有区域差异性，若两者在空间上的变化表现出显著的一致性，可认为该环境因素对地理事物的空间分布具有决定意义。相较于传统方法，地理探测器具有假设条件限制少、操作简便的优势，逐步在人文地理、城市地理等学科得到较广泛的运用。因此，研究利用地理探测器对县域农村居民点规模空间格局的影响因素进行探测识别，测算模型为（Wang et al., 2016a）

$$P_{D,U} = 1 - \frac{1}{n\sigma_U^2} \sum_{i=1}^{m} n_{D,i} \sigma_{U_{D,i}}^2 \tag{3-8}$$

式中，$P_{D,U}$ 为农村居民点规模影响因素 D 探测力值；$n_{D,i}$ 为次一级区域样本数；n 为整个区域样本数；m 为次级区域个数；σ_U^2 为整个区域农村居民点规模的方差；$\sigma^2_{U_{D,i}}$ 为次一级区域的方差。假设 $\sigma^2_{U_{D,i}} \neq 0$，模型成立。$P_{D,U}$ 的取值范围为 $[0, 1]$，$P_{D,U}$ 值越大，说明 D 因素对县域农村居民点用地面积的影响程度越高。

已有研究表明，农村居民点可能受到地形地貌、交通条件、经济发展、资源禀赋、人口增长等诸多因素的影响（杨忍等，2015a；刘仙桃等，2009；海贝贝等，2013；闵婕和杨庆媛，2016；任国平等，2016），考虑到本书研究期较短，社会经济类因素可能占主导作用。本节综合考虑指标代表性、数据可获取性等因素，选取了地形条件、交通可达性、GDP、第一产业增加值、粮食总产量、规模工业增加值、固定资产投资总额、乡村户数、耕地面积、农民人均纯收入 10 项指标作为驱动因子。地形条件采用地形位指数方式计算，该指标综合了高程和坡度信息，用以反映地形地貌对农村居民点布局的影响。交通可达性指标采用可达性评价方法测算区域内任一点到达最近县级城市的时间成本，用以考察交通便利程度对乡村聚落布局的影响。GDP、规模工业增加值表征区域经济发展水平，可反映区域经济发展对乡村居民点建设的影响。固定资产投资总额可以体现农村基础设施建设的投资强度，用以反映农村基础设施建设对农村居民点面积格局的影响。粮食总产量、第一产业增加值用以反映农业和农村经济发展农村居民点面积格局的影响。耕地面积用以表征农村土地资源禀赋，耕地面积越大，说明用来发展农业生产和居民点建设的后备资源越充足。乡村户数用以考察乡村人口增加对农村房屋建设的促进作用。农村居民人均纯收入可表征农村居民经济条件和生活水平对住房和居民点建设的影响。

2. 县域农村居民点面积影响因素识别

一定地域范围内的农村居民点空间格局是在自然环境本底及社会经济发展等多重因素综合影响下形成的，为深入探测江西省农村居民点空间格局的驱动机制，基于 2013 年县域农村居民点面积影响因子体系，采用地理探测器工具，测度各影响因素对于全省及各样带内县域农村居民点面积空间格局的"决定力"强度（表 3-13）。

表 3-13 县域农村居民点用地面积驱动因素探测结果

区域	地形条件	交通可达性	GDP	第一产业增加值	粮食总产量	规模工业增加值	固定资产投资总额	乡村户数	耕地面积	农民人均纯收入
全省	0.24	0.06	0.35	0.50	0.52	0.15	0.39	0.40	0.40	0.08
赣北边界样带	0.38	0.11	0.46	0.59	0.70	0.27	0.48	0.47	0.48	0.10
沪昆样带	0.28	0.02	0.44	0.49	0.72	0.33	0.40	0.35	0.56	0.33
京九样带	0.16	0.09	0.63	0.76	0.52	0.60	0.47	0.46	0.52	0.25
向莆样带	0.84	0.25	0.83	0.82	0.83	0.95	0.79	0.83	0.82	0.41

（1）从全省范围来看，县域农村居民点用地面积规模主要受到粮食总产量（0.52）、第一产业增加值（0.50）、乡村户数（0.40）、耕地面积（0.40）、固定资产投资总额（0.39）等因子的影响，其次为 GDP（0.35）、地形条件（0.24），其余因子的影响力均不大。由此可见，农业发展及人口的增加是促进农村居民点发展壮大的首要驱动因素。同时，县域经济发展及基础设施建设投资，改善了农村发展环境，拉动了农村人口就业，这也在一定程度上推动了农村居民点的发育。地形条件作为乡村住房和基础设施建设的基础性制约条件，对县域农村居民点用地面积规模也具有一定影响。

（2）从各样带来看，决定赣北边境样带农村居民点面积空间格局的核心因子为粮食总产量（0.70）、第一产业增加值（0.59）、固定资产投资总额（0.48）、耕地面积（0.48）、乡村户数（0.47）；主导沪昆样带农村居民点面积空间格局的核心因子为粮食总产量（0.72）、耕地面积（0.56）、第一产业增加值（0.49）、GDP（0.44）、固定资产投资总额（0.40）；主导京九样带农村居民点面积空间格局的核心因子为第一产业增加值（0.76）、GDP（0.63）、规模工业增加值（0.60）、粮食总产量（0.52）、耕地面积（0.52）；主导向莆样带县域农村居民点面积空间格局的核心因子为规模工业增加值（0.95）、地形条件（0.84）、GDP（0.83）、粮食总产量（0.83）、乡村户数（0.83），第一产业增加值、固定资产投资、耕地面积等因子的决定力 P 值也都在 0.8 左右。分析表明，县域农村居民点面积空间格局是在多个因子综合作用下的结果。

（3）从探测因子的角度来看，各因子对县域农村居民点面积的影响在不同样带表现出特定的一致性和差异性。粮食总产量、第一产业增加值、耕地面积3个因子在各样带及全省的决定作用表现较为一致，均为主要的决定因子。显然，较为丰富的耕地资源保障、农业生产力的发展、农业产值的提高，促进了乡村居民收入水平的提高，显著提升了乡村居民的建房能力。其他因子在不同的样带的决定力则有不同的表现。在全省人口和经济重点集聚的沪昆样带和京九样带，工业化及县域经济发展、投资的拉动对农村居民点发展的决定作用更为突出。究其原因，主要是这2条样带的县域经济实力及城镇化水平明显高于全省，城市物质空间扩张及交通辐射的带动效应明显，刺激了县城周边及沿主要交通干道农村建房的热潮。可以预见，未来位于城乡接合部的城边村可能逐步演变为城中村。赣北边境样带县域主要为农业县、山区县，偏离全省人口和经济中心，相对边缘化的区位条件使其农村居民点发展更为依赖投资的拉动及乡村人口增长的刺激。向莆样带相较于其他3条样带，各主要因子的决定力P值明显更高，主要是由于沿线的县域同属赣抚平原，在昌抚一体化规划实施背景下，自然地理和社会经济特征相似性程度较高，影响农村居民点空间格局的因素一致性程度较高。例如，地形条件、交通可达性、农民人均纯收入等在其他样带决定作用不突出的因素，在此均有较高值的表现，构成影响农村居民点面积空间格局的重要因素。

3.3.6　本节小结

1. 结论

本节基于江西省农村居民点矢量数据，借助网格分析和样带分析等空间分析方法，定量分析研究区农村居民点数量和面积空间特征，并采用地理探测器对县域农村居民点格局影响因素进行探测。结果表明：

（1）江西省农村居民点表现出数量多、规模小、大分散小集聚的基本特征，存在聚落数量南疏北密、用地面积南小北大的空间分异，并且围绕城镇密集区、地势低平区、中心村（镇）具有显著集聚特征。

（2）2005～2013 年，江西省农村居民点斑块面积和个数增加，而平均斑块面积有所下降，居民点细碎化格局更为突出。空间上，围绕城镇与交通线的居民点扩张和土地整治及生态移民导致的居民点收缩并存，扩张区主要为原有居民点的继续增长，收缩区则主要分布在大城市周边县域及山区。

（3）江西省县域农村居民点格局主要影响因素可归纳为农业发展及人口增加、县域经济发展及投资带动、地形条件 3 类因素，其中农业发展及人口增加作为乡村发展的内在动力，是首要影响因素；县域经济发展及投资带动作为乡村发展的外在动力，是推动农村居民点扩张与收缩的重要因素；地形条件则是农村居民点形成发育的基础性制约条件。各单因子对县域农村居民点格局的影响在不同样带表现出特定的一致性和差异性。

需要说明的是，乡村空间演变是长期的渐进过程，本节仅讨论了 2005 年以来江西省城乡快速发展时期农村居民点的演变特征，研究期相对较短，还需探索更长历史时期的农村居民点动态监测研究；另外，本节着重从省域和县域行政单元尺度，从宏观角度探讨乡村聚落空间格局及其影响因素。针对平原、山区、流域等不同类型区域的乡村空间格局研究，以及空间格局与微观社会经济驱动机制相结合的研究，是未来可深入研究的重点方向。

2. 建议

农村土地资源的合理有序利用是农村可持续发展的重要保障，在城乡统筹和快速城镇化背景下，农村居民点发展面临着空间重构、功能优化的重要任务，亟须转变以往布局散乱无序、用地粗放低效的发展模式。基于上述分析及结论，结合江西省的地域特色，提出以下政策启示。

（1）完善空间规划体系，强化土地节约集约利用

城镇化的快速推进加快了城市地域向乡村地域的转变，人口市民化进程也随之提速。然而由于农村宅基地退出机制不完善及社会保障制度建设的滞

后，农村建设用地并没有减少反而呈现增加的趋势，形成农村空心化和农村建设无序蔓延并存的特殊现象。我国的建设规划长期关注城市而相对忽视农村，村庄规划的缺位是形成当前状况的重要原因。因此，当前应在落实主体功能区制度的基础上，可由省市级政府依据国家相关标准制定地方标准和规划技术导则，结合区域特色，各地区要加强村镇规划及农村居民点整治方案编制，打造因地制宜、群众满意、服务便利、环境优美的美丽乡村。强化乡村土地利用总体规划与基本农田保护规划的衔接，实施乡镇级政府主要领导耕地保护责任考核和离任审计制度。强化耕地保护宣传教育，加大对土地违法案件的查处力度，提升典型案件的警示教育作用。

（2）提升中心村镇生产生活功能

从长远看，区域人口向城市集聚、农村人口向中心村镇集聚是必然趋势，受此影响，小城镇数量减少也是必然结果，其中一部分发展壮大成为小城市，一部分与城市融为一体发展，最终沉淀下来的则回归为中心村镇，发挥着联系城市和广大农村地域的节点功能。因此，提升中心村镇生产生活功能显得尤为必要。坚持城乡统筹发展原则，转变农村城镇的惯性认识，打破行政区划范围桎梏，发挥城镇总体规划对城乡协调发展作用，促进城市公共基础设施、公共服务等优先向中心村镇辐射，强化中心村镇与城市的双向联系，带动中心村镇发展。按照"分类指导、梯次推进"的要求，推进美丽宜居乡镇、生态乡镇、绿色乡镇、特色名镇建设；依托资源或交通基础，积极打造一批工贸型、旅游型、交通节点型村镇，吸引农村人口向中心村镇集聚，引导偏远山区自然村落以多村合一的形式实施生态移民。

（3）因地制宜推进农业转移人口市民化

立足江西基本省情，积极推进农业转移人口市民化。以保障农业转移人口市民权益为主线，坚持放宽落户条件和推进公共服务均等化并行，实现农业转移人口享有与城市户籍居民均等的权益。一方面，加快户籍制度改革，实施差别化落户政策，有序开放南昌市中心城区落户限制，积极开放其他设区市中心城区落户限制，全面开放县级城市和建制镇落户限制，重点引导农业转移人口及其家庭向中小城市和小城镇落户定居，让有意愿有能力的农业转移人口在城镇落户定居成为市民；另一方面，要持续推进公共服务均等化，让不能落户、不想落户的常住农业转移人口能享有基本公共服务。

第4章 城镇化下江西省人口与土地系统关系

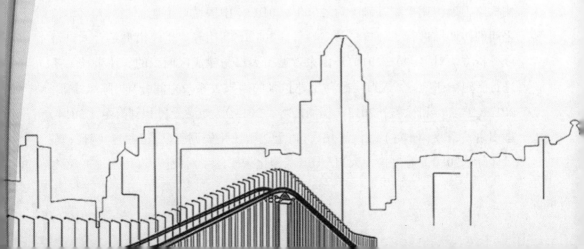

4.1　江西省城市人口增长与土地扩张协调性研究

随着中国社会进入转型发展期，以人为核心的新型城镇化战略的推进成为拉动内需的最大潜力点（潘爱民和刘有金，2014）。而从当前的城镇化现状来看，不少地区偏向片面、高速的城镇化建设，而忽略了城镇发展质量，呈现出"冒进型""驱赶型"城镇化现象（姚士谋等，2012）。具体表现在：土地利用低效粗放，土地扩张速度远快于人口增长；城镇空间建设无序、失控，"空城""鬼城"频现；城镇规模结构不合理；资源与生态约束性因素往往受到忽视，城镇生态安全格局不容乐观。《国家新型城镇化规划（2014—2020年）》指出：2000～2011 年，中国城镇建成区面积增长 76.4%，远高于城镇人口 50.5%的增长速度；"土地城镇化"快于"人口城镇化"。"土地城镇化"和"人口城镇化"的比例失调直接导致城镇蔓延式、低密度发展，加重了耕地保护与城市用地扩张之间的矛盾，给新型城镇化的深入推进带来了诸多隐患。

近年来，着眼于新型城镇化战略，一些学者从不同视角对城镇化中人口-土地协调关系进行了相关研究。既有成果主要集中在以下几方面：①人口增长与土地扩张协调发展指数的测定（杨艳昭等，2013；董立峰等，2012；王家庭和张俊韬，2010），如杨艳昭等（2013）利用城区人口和建成区面积数据，在构建人地协调模型基础上对 2000～2010 年中国城市土地扩张与人口增长之间的协调性进行了评价；董立峰等（2012）利用异速生长模型结合人口密度分析方法对 1990～2010 年山东省城市人口与建成区面积的异速生长关系进行了定量研究。②人口增长与土地扩张的因果关系及空间分异（陈凤桂等，2010；尹宏玲和徐腾，2013；杨丽霞等，2013），如潘爱民和刘有金（2014）运用离差系数，研究了湘江流域人口-土地城镇化失调程度及其时空特征；陈凤桂等（2010）通过构建人口-土地城镇化指标体系对我国人口-土地城镇化协调发展水平进行空间差异分析。③人口增长与土地扩张协调发展影响因素及策略制定（陆大道等，2007；李宝礼和胡雪萍，2014；姚士谋等，2007），如陆大道等（2007）、姚士谋等（2007）分析中国城镇化进程和空间扩张现状，并提出相关的政策措施；李宝礼和胡雪萍（2014）从我国现存的外部制度和内在的经济发展方式两个层面分析了人口-土地城镇化失调原因，并提出了相关建议。从研究区域来看，既有研究多立足于东部发达省份，而对欠发达地区的人地协调问题关注不足；研究方法上则以传统的数理统计方法为主，较少结合 GIS 空间分析方法；研究尺度上则多集中在全国、省域、地级市层面，而聚焦县域尺度的研究甚少。

　　江西省是长江中游地区的核心省份之一，是国家建设长江经济带的重要支撑区域，其城市发展质量密切影响着长江经济带新型城镇化规划的实施效果。基于此，本节以城镇化过程中的人地失调问题为出发点，采用数理统计模型并借助 GIS 空间分析方法，对江西省 91 个城市（地级市、县级市及县）的人口增长-土地扩张协调性进行深入分析，揭示其区域人地发展空间格局，以期为江西省制定差别化的城市发展路径与优化城镇发展方向提供参考。

4.1.1　数据来源与处理

　　研究以 2001 年、2012 年为基准年及目标年，以江西省城建部门提供的县级及以上城市人口数量、建成区面积为依据，其中 2001 年以城市非农业人口为指标进行分析，2012 年人口统计指标由"城市非农业人口"调整为"城区（县城）人口"，经国内学者研究分析，非农业人口约为市区人口的 1.2 倍（刘耀彬等，2005a，2013；李建新等，2014），因此，本节选取城区人口数据的 1.2 倍来计算 2012 年江西省各城市的非农业人口数，采用的图件数据来源于江西省 1∶25 万基础地理数据。研究对象为江西省省域范围内的 91 个城市（地级市、县级市及县），其中共青城市、庐山风景名胜区管理局因行政区划调整等原因缺乏基准年相关建成区面积数据而未被列入研究对象。

4.1.2　建成区及人口表征的城市规模演变

1. 分析方法

（1）Kernel 密度分析

Kernel 密度分析根据输入的要素数据计算整个区域的要素集聚状况，从而产生一个连续的密度表面（文玉钊等，2014；陈春林等，2011；郭腾云和董冠鹏，2012）。在 Kernel 密度分析中可用连续的密度曲线描述随机变量的分布形态，利用 Kernel 密度分析方法的多尺度搜索半径更好地解释江西省城市规模（城市非农业人口、建成区面积）的时空演化状况。设随机变量 x 的密度函数为 $f(x)$，在点 x 处的概率密度为（郭腾云和董冠鹏，2012）

$$f(x) = \frac{1}{Nh} \sum_{i=1}^{N} \frac{K(x_i - x)}{h} \qquad （4\text{-}1）$$

式中，N 为研究基本研究单元，为 91；h 为带宽，$i = 1, 2, \cdots, N$；$K(x_i - x)$ 为随机核估计的核函数。

（2）重心模型

重心也称为加权平均中心，是衡量某种属性在区域总体分布状况的一个指标（杨丽霞等，2013；钟业喜等，2011）。计算公式如下：

$$\overline{X} = \frac{\sum_{i=1}^{n} P_i X_i}{\sum_{i=1}^{n} P_i} ; \quad \overline{Y} = \frac{\sum_{i=1}^{n} P_i Y_i}{\sum_{i=1}^{n} P_i} \qquad （4\text{-}2）$$

式中，$\overline{X}$、$\overline{Y}$ 分别为 2001 年和 2012 年江西省城市非农业人口及建成区面积重心的经度和纬度值；P_i 为 i 城市的非农业人口或建成区面积；X_i、Y_i 分别为 i 城市的经度坐标和纬度坐标；n 为城市个数，为 91。

2. 城市人口增长及其空间分布特征

基于 25km 搜索半径的 Kernel 密度演化结果来看（图 4-1、图 4-2）：

2001～2012 年，江西省城市人口密度值得到显著提升。2001 年，区域内密度值高于 0.08 的城市有南昌市、萍乡市、九江市及赣州市，基本形成以南昌市为核心，以九江市、萍乡市、赣州市为副核心的"T"形空间格局。2012年，区域内密度值高于 0.09 的城市有南昌市、九江市和赣州市。人口密度分布图（图 4-1）显示区域内形成六大人口增长高地和一个人口缩减低谷区：南昌市成为江西省人口增长的极核城市，宜春市、抚州市、丰城市、瑞金市及于都县则发展为区域性人口增长高地；而萍乡市受行政区划调整成为区域人口缩减低谷区，密度持续下降。

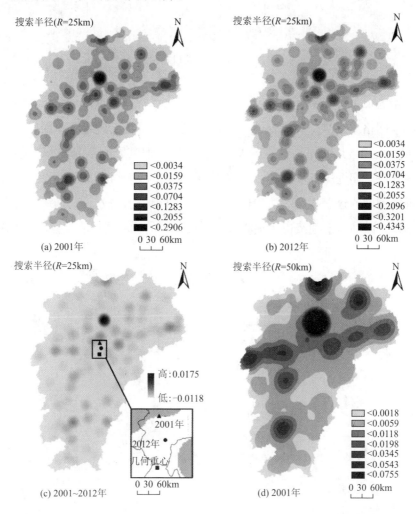

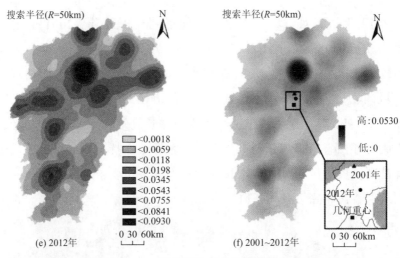

图 4-1 江西省城市人口密度分布

基于 50km 搜索半径的 Kernel 密度演化结果来看（图 4-2）：江西省内人口规模空间格局逐步呈现出轴带式核心-边缘结构特征，边缘区范围持续缩小。2001 年，区内以地级市为核心形成人口集聚区，但其影响范围较小；而修水、永新在这一时期处于孤立地位，边缘区多分布在赣南地区及赣西北地区。2012 年，区域密度值显著提高，边缘区范围缩小；区域内形成以京九铁路、浙赣铁路为轴线，以轴线上地级市为核心辐射周边地区的轴带式核心-边缘空间格局；

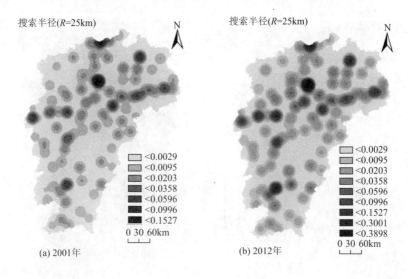

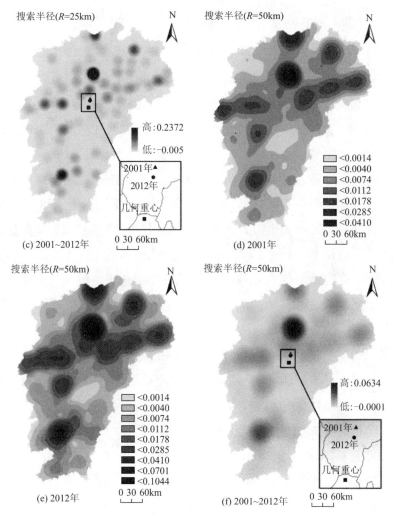

图 4-2　江西省城市建成区空间分布 Kernel 密度演化

吉安核心区与赣州核心区的"牵手"趋势明显，瑞金成为赣南地区又一人口集聚核心。增长密度显示：受交通扩散通道影响，区域人口增长形成四大条带式板块，即九江板块、南昌-宜春-余干板块、上饶板块、赣州-瑞金板块。

由重心变化轨迹分析可知：2001～2012 年，非农业人口重心始终位于几何重心以北，赣北城市人口大于赣南地区；其移动轨迹表明赣南地区城市人口增加明显，江西省城市人口分布差异呈缩小趋势。

3. 城市建成区扩张及其空间分布特征

基于 25km 搜索半径的 Kernel 密度演化结果来看（图 4-2）：2001～2012年，江西省建成区密度持续提升，密度最大值由 0.15 攀升至 0.39，区域整体处于城市建设高速发展时期。2001 年，城市建成区面积扩张呈现出明显的等级特征，南昌市以 0.152 的密度值处于第一等级；而九江市、赣州市、宜春市等密度值均在（0.03，0.1），处于第二等级；东乡县、湖口县、崇义县等则处于第三等级，密度值均小于 0.03。2012 年，城市建成区扩张形成了"一极两核，群星闪耀"的空间格局，南昌市"独成一极"，而在赣北及赣南地区分别形成了九江市、赣州市两大地区性核心城市。建成区扩张密度图显示南昌市、九江市、赣州市、上饶市、宜春市等地级市逐步发展为建成区扩张高地。

基于 50km 搜索半径的 Kernel 密度演化结果来看（图 4-2）：区域内"一轴多核"格局逐步显现。2001 年，区域内以地级市为主导形成多个扩张核心区，轴线趋势明显。2012 年，以南昌市为中心沿浙赣线形成轴线扩张，区域南北则以等级扩张为主，赣州市、九江市等多个扩张区范围持续增大；昌九一体化、昌抚同城化效应逐步显现。建成区扩张密度表明，受行政等级和交通扩散通道的双重影响，区域内形成了九江板块、赣州板块、南昌-上饶板块、宜春-新余板块等多个扩张板块。

由重心迁移轨迹可知：2001～2012 年，建成区重心均位于几何重心以北，赣北城市建成区面积明显大于赣南地区；2012 年较 2001 年重心向西南偏移近5km，表明赣南城市土地扩张迅速，赣南与赣北城市土地扩张差异逐步缩小。

4.1.3　城市用地扩张与人口增长协调性

1. 协调度指数及其分类

传统城市规模弹性系数多采用城市用地增长率与城市人口增长率间的比例关系，忽略了不同等级规模、地形等多因素影响。为此，研究采用杨艳昭等（2013）的方法，在传统城市规模弹性系数基础上采用人均建成区约束参数（姚士谋等，2012）。计算公式如下：

$$CPI = \frac{CR_i}{PR_i} \cdot R \quad (\text{其中：} \quad R = \frac{LP_t}{LPI_t} \Big/ \frac{LP_0}{LPI_0}) \qquad (4\text{-}3)$$

式中，CPI 为城市土地扩张-人口增长协调性系数；CR_i 和 PR_i 分别为建成区用地和城市人口年均增长率，取几何平均值；R 为约束系数，其中 LP_0、LP_t 和 LPI_0、LPI_t 分别为基准年（2001 年）和目标年（2012 年）城市现实人均建成区面积和理想人均建成区面积。依据江西省城市规模发展现状，参考相关文献（刘耀林等，2014）及《城市用地分类与规划建设用地标准》（GB 50137-2011），设置人均城市用地理想值（表 4-1）。

表 4-1　理想城市人均建设用地　　　　　　（单位：m^2）

现状人均建设用地	规划人均建设用地标准	理想人均建设用地	现状人均建设用地	规划人均建设用地标准	理想人均建设用地
≤65	65~85	85	95.1~105	85~105	105
65.1~75	65~95	90	105.1~115	90~110	110
75.1~85	75~100	95	>115	≤110	115
85.1~95	80~105	100			

考虑江西省城镇化过程中城市用地扩张与人口增长间关系，依据相关研究（陈佑启和杨鹏，2001）将江西省城市 CPI 值划分为四大类，分别为土地扩张型、人地协调型、人口增长型及人地收缩型；依据 CPI 值大小，以 1.1 为基点[国内研究（姚士谋等，2012；刘彦随等，2005）一般认为城市用地规模弹性系数为 1.12 时较合理]，将江西省城市人口增长-用地扩张协调性细分为 6 个等级，分别为土地急剧扩张型、土地明显扩张型、人地协调型、人口明显增长型、人口急剧增长型及人地收缩型，分类标准见表 4-2。

表 4-2　城市用地扩张与人口增长协调性分级标准

协调性类型	级别	标准	特征
人地收缩型	人地收缩型	CPI<0 或 CPI>0；CR_i<0 和 PR_i<0	建成区土地和人口数量同时减少或其中一个减少

续表

协调性		标准	特征
类型	级别		
人口增长型	人口急剧增长型	0<CPI≤0.5	建成区土地扩张远低于人口增长速度，导致人均用地急剧减少现象
	人口明显增长型	0.5<CPI≤0.9	建成区土地扩张低于人口增长速度，导致人均用地明显减少现象
人地协调型	人地协调型	0.9<CPI≤1.3	建成区土地扩张与人口增长基本协调，人均用地变化幅度较小
土地扩张型	土地明显扩张型	1.3<CPI≤1.7	建成区土地扩张高于人口增长速度，导致人均用地明显增长现象
	土地急剧扩张型	CPI>1.7	建成区土地扩张远高于人口增长速度，导致人均用地急剧增长现象

2. 人口-土地协调性评价结果

通过协调度计算及其分类方法对江西省 91 个城市（地级市、县级市及县）人口增长与土地扩张协调性进行评价（图 4-3）。结果表明：江西省城市用地扩张与人口增长之间协调性较弱，人地收缩型城市占 6.6%、人口增长型城市占 24.2%、人地协调型城市占 23.1%、土地扩张型城市占 46.1%，具体如下。

人地收缩型：此类城市共 6 个，分别为湖口县、峡江县、萍乡市、芦溪县、上栗县和吉安市。2001～2012 年，这类城市人口减少了 38.8 万，而城市建成区增长比重占增长总数的 4.3%；其中，萍乡市、吉安市、芦溪县、上栗县的资源枯竭，产业转型、更替缓慢，城市就业机会少而导致城市人口的减少；湖口县及峡江县实行"生态立县，精致小城"和"退耕还湖"，造成城市建成区面积出现小幅度缩小。

人口增长型：此类城市有 22 个，人口增长了 130 万，所占比例达 27.5%，而城市建成区面积扩张仅占 9.2%，为 95.1km²；呈片状分布在区域边缘地区的空间格局。其中，人口明显增长型城市有 15 个，占 20.6%的人口与 7.7%的建成区增长面积；人口急剧增长型城市有 7 个，除安福县地理区位相对居中外，其余城市均处于边缘地区，多数位于省界交界地区；主要是由于城市建成区受地形限制扩张相对缓慢，而山区边缘城市对人口具有一定的聚集作用，造成城市人口增长速度快于土地扩张速度。

　　人地协调型：此类城市共 21 个，人口增长及建成区扩张面积分别占 24.7%、13.1%，分别为 117.5 万和 135.2km^2。此类城市等级均为县，人口增长均在 12 万以内，城市建成区面积增长均在 15km^2，人口与建成区增幅相对协调；空间分布上主要在赣中、赣北地区，而赣南地区分布相对较少。

　　土地扩张型：此类城市最多，共有 42 个，其人口增长及建成区扩张比例达到 55.9% 和 73.4%，空间分布的中心城市指向性及交通指向性明显。其中，土地急剧扩张型城市最为显著，城市个数达到了 27 个，是 6 个级别中城市数量最多的一类，空间分布上则主要集中在地级市及其周边城市（如南昌市、新建县、南昌县、九江市、九江县等）、交通沿线地区（如高安市、鹰潭市、贵溪市、余江县等）。

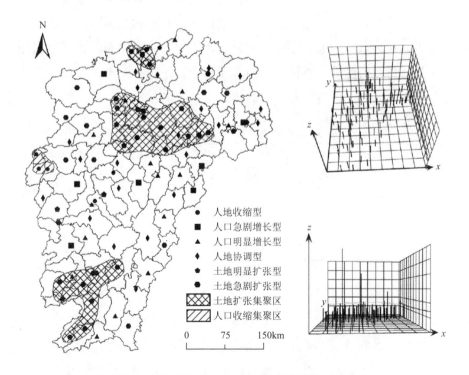

图 4-3　城市用地扩张与人口增长协调性空间分布

由趋势线分析可知：江西省城市间协调性差异较小，趋势线较为平稳；在南北方向略呈"U"形，出现赣州、新建两大极高值城市和吉安一个极低值城市；而在东西方向上大致呈倒"U"形，中部较高，两端协调度均较低，且东部下降速率小于西部。从城市类型空间分布看，江西省城市大致呈现以南昌市及九江市、赣州市为核心的赣北、赣南城市土地扩张集群区，以萍乡市为核心的城市人地收缩集聚区，赣中则出现人地收缩及人地协调混杂分布的格局。

4.1.4　不同等级体系下城市协调性分析

1. 基于行政等级体系下的城市协调性

　　以 2010 年 1 月江西省行政区划为准，进行基于行政等级体系下的城市协调性分析。结果表明：江西省地级市呈现以土地急剧扩张为主、人地收缩为辅的特征；县级市以土地扩张特征明显、人口增长相对缓慢；而县协调性大致呈"三足鼎立"格局，整体格局较为协调，即土地扩张型、人口增长型，以及人地协调型与人地收缩型城市各占 1/3 左右（表 4-3）。

表 4-3　行政等级体系下城市类型分布

城市等级	人地收缩型	人口增长型		人地协调型	土地扩张型	
		明显增长型	急剧增长型		明显扩张型	急剧扩张型
地级市	2	0	0	0	0	9
县级市	0	1	0	0	2	7
县	4	14	7	21	4	20

　　从人口增长及建成区扩张来看，地级市以 12%的城市数量贡献了 14.24%的人口增长量及 45.79%的建成区扩张量，平均每增加一个城市人口，其建成区面积扩张近 700m²；县级市共 10 个，其人口增长了 74.81 万，建成区扩张为 127.33km²，县级市平均每增加一城市人口，其建成区扩张面积为 170m²左右；而县以绝对优势的城市数量贡献了 70%的人口增长量和仅 41.87%的建

成区面积扩张量，县平均每增加一个城市人口，其建成区面积扩张近 $130m^2$。总体来看，城市协调度与其城市等级整体呈现正相关关系，即城市等级越高，其协调度越高，土地扩张趋势越明显；人均建成区扩张面积大致呈现出"地级市>县级市>县"的特征。

2. 基于人口规模等级体系下的城市协调性

在 2012 年江西省城市人口规模基础上，以城市人口 100 万、50 万、20 万、5 万为临界点，进行基于人口规模等级体系下的城市协调性分析（表 4-4）。结果表明：人口在 5 万~20 万的小城市数量达到 65 个，城市人口增长达305 万、人口增长所占比重为64.09%，而城市建成区面积扩张了$416.91km^2$，所占比重约为40.4%；人口数量超过 100 万的特大城市仅有南昌市，人口增长及建成区扩张比重分别高达 8.51%、12.69%；城市人口在 5 万以下的小城镇人口增长和建成区扩张所占比例均最小，分别为 1.22%、1.55%，城市数量却占据 7.7%；大城市仅 3 个，城市人口增长比重为 5.52%，而建成区扩张却达到 13.21%。

表 4-4　人口规模等级体系下城市类型分布

城市		人地收缩型	人口增长型		人地协调型	土地扩张型	
人口数量（万）	城市等级		明显增长型	急剧增长型		明显扩张型	急剧扩张型
>100	特大城市	0	0	0	0	0	1
50~100	大城市	0	0	0	0	0	3
20~50	中等城市	2	2	0	1	3	7
5~20	小城市	2	13	6	18	3	23
<5	小城镇	2	0	1	2	0	2

总体来看，人口规模等级体系下的江西省城市协调性呈现出以土地扩张型为主、人口增长型及人地协调型为辅的显著特征；城市平均建成区扩张面积与城市等级体系大致呈正相关关系，即城市人口规模越大，城市平均建成区扩张面积所占比例越高；小城市数量庞大，人口增长及建成区扩张所占比例均最高。

3. 基于地形要素下的城市协调性

地形是影响城市发展的重要影响因素之一，研究依据地形要素将城市划分为平原区、山地区、丘陵区（江西省统计局，1991 年），并对江西省城市进行协调性分析。结果表明：平原区主要包括大部分地级市及县级市，虽然城市数量仅占 23%，但其建成区面积扩张比重却近 46%，属于典型的土地扩张型；丘陵区主要位于赣中地区，城市人口增长及建成区扩张比重均最低；山地区城市数量最多，人口增长比重达 42.5%，而建成区扩张比重处于丘陵区与平原区之间。总体来看，山地区人口增长特征明显，丘陵区人地关系相对协调，而平原区则呈现出显著的土地扩张特征；地形要素体系下的城市人地协调关系与"平原-丘陵-山区"的地形特征大体上呈正相关关系（表 4-5）。

表 4-5   地形要素下城市类型分布

城市等级	人地收缩型	人口增长型		人地协调型	土地扩张型	
		明显增长型	急剧增长型		明显扩张型	急剧扩张型
山地区	2	7	6	10	2	16
丘陵区	2	5	1	9	2	8
平原区	2	3	0	2	2	12

4.1.5   促进人地协调发展的探讨与建议

2001～2012 年，江西省城市建成区面积增长了 109%，远高于城市人口 44% 的增长速度，土地城镇化速度大大超过人口城镇化速度，建设用地粗放低效，存在"冒进型"（陆大道院士在 2007 年指出：我国城市发展与规划建设中出现盲目追求大规模、高标准，以及土地浪费严重的现象，城市建设用地集约程度不高，并用"冒进式"城市化来形容这场自上而下的大规模的"造城运动"）城镇化现象（陆大道和姚士谋，2007）。在新型城镇化不断深入发展的背景下，利用科学思维全面认识土地扩张与人口增长的合理性，不仅关系到江西省实现区域可持续发展和区域协调发展的效用，而且关系到江西省在"中部崛起"中的长足发展。

（1）强化城市建设质量、提升城市人口质量，注重城市特色发展

城镇化不仅是以土地的城市化为代表的物质财富的积累，更多的是以人的城镇化为代表的行为方式的改变和生活水平的提高，二者的协调发展才能真正意义上实现新型城镇化的科学发展、实现城市的内涵式发展和特色发展。2001～2012 年，江西省居住用地增幅近 107%，而城市基础设施用地却下降近22%，交通设施用地增幅高达 382%。立足江西省实际，地级以上城市人口比例大、建设面积扩张显著，其城市发展应实行集约化发展，在注重人口质量提升的基础上合理引导城市人口的增长，逐步实现特色城市建设（如南昌市、景德镇市、赣州市等），着力打造"一圈四群"核心增长极的协调发展；县级城市应注重城市质量，合理定位、科学发展，适时发展成为大中城市；在特色发展、人地协调发展的基础上，合理培育中小城镇，积极引导城镇密集区的有序发展。

（2）加强土地集约利用、优化城市用地结构，实现城市精明增长

合理挖掘城市用地潜力、优化城市用地结构、促进城市精明发展是新型城镇化发展的内在要求。2001～2012 年，江西省人均建成区面积增长12m²，其中居住用地扩张明显，公共基础设施建设用地急速收缩，工业及仓储用地、交通用地均呈扩张态势。江西省城市紧凑度偏低，用地结构欠合理等问题突出。因此，江西省在进行城镇化建设中应立足区域发展状况、制定各级人均合理用地指标，防止土地"冒进"现象的继续蔓延：大城市要正确处理旧城区改造与新区建设的关系，完善基础设施建设，提升土地容积率，在赣北经济发达地区适时扩大城市规模以加大对周边地区的辐射作用，形成环鄱阳湖城市群的集聚发展（如南昌市、九江市、景德镇市等）；赣中及赣南丘陵、山地地区的大城市在注重生态保护及经济发展协调下，优化土地利用结构、建设紧凑型城市，形成区域经济、城镇化发展的增长极（如赣州市、吉安市等）；各地中小城市在土地利用效率提升、生态环境保护基础上，注重城市增长质量，在城市空间发展格局内形成对大城市发展的有力支撑和补充；在保障农村耕地、合理扩张工业用地基础上，培育发展小城镇，以促进乡镇企业的发展，带动城乡就业，实现新型城镇的

精明发展。

（3）完善城市规模结构、创新城市管理制度，促进城市科学发展

城市规模结构是否合理、完善直接关系到城市体系功能的发挥和城市竞争力的提升；而创新城市管理制度对城市的升级发展具有重要作用。在新型城镇化背景下，江西省在完善城市规模结构方面应按照"培育城市群、合理发展大城市、做强中小城市、择优培育中心城镇"的原则，通过点-线-面的辐射，形成布局合理、各具特色、相互补充、协调发展的城镇体系。在创新城市管理制度方面应将城市发展质量、绿色 GDP 等指标纳入政府政绩考核体系中并建立相关的标准，树立正确的政绩观；通过公共投资实现对城市土地和空间开发的合理引导，通过税制设计实现对不同区位土地开发强度的引导；加强空间开发管制，健全规划管理体制机制；依据分步推进、因地制宜的原则有序推进农业转移人口市民化；完善城市治理结构，创新城市管理方式。

4.1.6　本节小结

以江西省 91 个城市（地级市、县级市及县）为研究对象，在构建人口增长-土地扩张协调性模型基础上,利用数理统计方法和空间分析方法从城市人地现状、人地协调性特征及空间分布、不同等级体系下的城市协调性、城市人地协调发展建议四个方面进行深入分析，结果表明：

（1）2001～2012 年，江西省城市人口规模逐步形成轴带式核心-边缘结构的分布格局，区域人口增长形成九江板块、南昌-宜春-余干板块、上饶板块、赣州-瑞金板块四大条带式板块；城市建成区面积则形成"一极两核，众星拱卫"的空间格局，区域内存在九江、南昌-上饶、宜春-新余、赣州等多个土地扩张区；从人口增长量及土地扩张量来看，江西省城市发展南北差异较大，随着赣南地区城市在国家政策支持下得到迅速发展，城市规模（城市人口数量、建成区面积）差异呈缩小趋势。

（2）江西省城市人地协调关系较弱、土地扩张特征明显；由于行政区划调整、产业更替缓慢等，出现 6 个人地收缩型城市；人口增长型城市占 1/4 左

右，主要为省域边缘山区；人地协调型城市约占 1/4，空间分布地域差异较大；土地扩张型城市数量最多，主要集中在地级市及其周边城市、交通沿线城市。趋势线较为平稳但仍存在差异，南北方向略呈"U"形，而在东西方向上大致呈倒"U"形；将其进行空间可视化得出区域内呈现以南昌市及九江市、赣州市为核心的赣北、赣南城市土地扩张集群区，以萍乡市为核心的城市人地收缩集聚区，赣中则出现人地收缩及人地协调混杂分布的空间格局。

（3）基于不同等级体系分析来看，行政等级体系下的城市协调性呈现出地级市、县级市土地扩张特征显著，县协调性总体呈"三足鼎立"格局，人均建成区扩张面积与行政等级大致呈正相关关系；人口规模体系下的城市协调性呈现出以土地扩张为主，而人口增长、人地协调为辅的显著特征，城市人口规模越大，城市平均建成区扩张面积所占比例越高；地形因素下的城市协调性与江西省"平原-丘陵-山区"的地形特征基本吻合，表明地形也是影响城市规模发展的重要因素。

（4）受行政等级、地形、交通等因素影响，江西省城镇化进程中存在"驱赶"现象，如土地城镇化速度大大超过人口城镇化速度、建设用地低效粗放等问题。立足各级城市发展现状，研究提出促进江西省城市人地协调发展的建议，对各级城市提出差别化发展措施，主要包括：强化城市建设质量、提升城市人口质量，注重城市特色发展；加强土地集约利用、优化城市用地结构，实现城市精明增长；完善城市规模结构、创新城市管理制度，促进城市科学发展。

需要指出的是，研究中涉及的理想人均建成区面积多基于前人研究及国家相关规划得到，未能充分考虑到地形、河流、交通等因素影响，这将是今后进一步探讨和完善的方向。

4.2 赣南山区人口增长与土地扩张耦合研究

我国是一个多山国家，丘陵山地面积约占全国总面积的 2/3，且主要分布在中西部欠发达地区。推进丘陵山地地区城镇化不仅关系到国家新型城镇化整体发展质量，而且关系到全面建成小康社会的发展进程。以赣南等原中央苏区为例，以城镇化过程中的人地失调问题为出发点，采用数理统计模型并借助 GIS 空间分析方法，对赣南等原中央苏区 53 个城市（地级市、县级市及县）的人口增长-土地扩张动态耦合进行深入分析，揭示区域人地发展空间格局，为赣南等原中央苏区乃至中国丘陵山地地区制定差别化的城镇发展路径与城镇发展方向提供参考。

4.2.1　数据来源与处理

研究以 2001 年、2012 年为基准年及目标年，以江西省城建部门提供的县级及以上城市人口数量、建成区面积为依据，其中：2001 年以城市非农业人口为指标进行分析，2012 年人口统计指标由"城市非农业人口"调整为"城区（县城）人口"，经国内学者研究分析，非农业人口约为市区人口的 1.2 倍（刘耀彬等，2005a，2013；李建新等，2014），因此，本节选取城区人口数据的 1.2 倍来计算 2012 年赣南等原中央苏区各城市的非农业人口数，采用的图件数据来源于江西省 1∶25 万基础地理数据。研究范围的确定参考 2014 年 3 月国务院批复的《赣闽粤原中央苏区振兴发展规划》，包括赣州市、吉安市、新余市全境及抚州市、上饶市、宜春市、萍乡市、鹰潭市的部分地区，共 53 个城市（地级市、县级市及县）。

4.2.2　人口集中度与土地集中度特征

1. 修正集中度方法

集中度可以反映地理要素在某一地域上的集中程度，其在衡量某一区域要素的空间分布情况，反映某一产业部门的集中度，以及某一区域在高层次区域的地位和作用等方面具有重要作用。山地丘陵地区人口分布及建成区扩

张受地形因素影响十分显著，鉴于此，在传统集中度基础上引入地形阻抗区。修正集中度计算方法为

$$R_{pi} = \frac{p_i \sum p_i}{(\text{ter}_i - \text{tbz}_i) \sum (\text{ter}_i - \text{tbz}_i)} \; ; \quad R_{li} = \frac{l_i \sum l_i}{(\text{ter}_i - \text{tbz}_i) \sum (\text{ter}_i - \text{tbz}_i)} \quad （4\text{-}4）$$

式中，R_{pi} 为人口（增长）集中度，利用城市非农业人口指标计算得出；R_{li} 为建成区面积（土地扩张）集中度，通过城市建成区指标计算得出；P_i、l_i、ter_i、tbz_i 分别为 i 区域的人口（增长）数、建成区面积（土地扩张）、国土面积和地形阻抗区面积；tbz_i 通过 ArcGis 空间分析模块提取得出 i 区域海拔大于 500m 且相对高度超过 200m 的区域面积计算得出。

　　2. 人口集中度与土地集中度总体分析

　　2001 年、2012 年，赣南等原中央苏区人口集中度值域区间分别为[0.051，2.633]、[0.323，14.138]，两个时间断面下人口集中度最高值与最低值分别相差 51 倍和 44 倍，变异系数由 2.04 下降至 1.51，表明人口分布的相对差异逐步缩小；赣南等原中央苏区土地集中度值域区间为[0.105，3.432]、[0.407，21.403]，最高值与最低值分别相差 33 倍和 53 倍，变异系数由 1.37 增长至 1.89，建成区分布差异呈扩大趋势；受行政因素影响，赣州市、萍乡市等地级市人口和建成区地理集中度均位于高水平层次。从人口增长及土地扩张集中度来看，赣州市、新余市、宜春市等城市人口与土地得到显著增长，集中度均位于前列，也是赣南等原中央苏区人口增长和土地扩张集聚区；人口增长与土地扩张集中度的变异系数分别为 1.2、2.4，表明土地扩张空间分布不均衡性更加显著（表 4-6）。

　　在城市人口及土地集中度基础上剔除异常值后进行位序-规模体系分析，结果显示：城市人口、土地均呈现出典型的幂分布特征。人口集中度的拟合度由 0.7641 增长到 0.7912，而土地集中度的拟合度则由 0.8861 降至 0.7118，表明人口的幂分布特征得到强化、土地的幂分布特征显著弱化，城市人口趋于集中、建成区则稍有分散趋势。2001～2012 年人口集中度、土地集中度拟

表 4-6　赣南等原中央苏区人口及土地集中度

县(市)	2001 年		2012 年		2001~2012 年		县(市)	2001 年		2012 年		2001~2012 年	
	R_{pi}	R_{li}	R_{pi}	R_{li}	R_{pi}	R_{li}		R_{pi}	R_{li}	R_{pi}	R_{li}	R_{pi}	R_{li}
赣州市	2.663	3.432	14.138	21.403	4.389	7.304	广昌县	0.062	0.173	0.689	0.562	0.328	0.108
广丰县	0.123	0.514	2.240	2.075	1.198	0.523	宁都县	0.079	0.131	0.724	0.550	0.321	0.145
新余市	0.602	0.815	3.126	4.348	0.949	1.363	黎川县	0.093	0.293	0.730	0.752	0.302	0.081
瑞金市	0.102	0.267	1.700	1.183	0.894	0.325	弋阳县	0.156	0.417	0.897	1.048	0.300	0.104
宜春市	0.325	0.526	2.242	2.833	0.860	0.893	新干县	0.157	0.433	0.888	1.137	0.292	0.133
樟树市	0.324	0.521	2.231	2.241	0.854	0.601	赣县	0.060	0.117	0.594	0.710	0.272	0.239
萍乡市	1.420	1.866	4.993	4.929	0.745	0.587	芦溪县	0.103	0.232	0.709	1.453	0.271	0.496
南康县	0.125	0.338	1.436	1.837	0.690	0.583	全南县	0.074	0.154	0.624	0.821	0.267	0.257
龙南县	0.132	0.396	1.338	1.489	0.617	0.347	余江县	0.139	0.301	0.796	1.071	0.266	0.234
横峰县	0.231	0.697	1.556	1.920	0.588	0.258	乐安县	0.061	0.215	0.585	0.483	0.264	0.025
上犹县	0.081	0.287	1.148	1.070	0.583	0.248	莲花县	0.096	0.255	0.677	0.774	0.262	0.131
崇仁县	0.123	0.336	1.246	1.114	0.574	0.219	会昌县	0.056	0.123	0.553	0.573	0.252	0.163
吉安市	0.374	0.452	1.874	2.374	0.546	0.737	石城县	0.094	0.150	0.649	0.605	0.248	0.153
上饶县	0.051	0.217	0.922	0.807	0.493	0.186	万安县	0.068	0.190	0.576	0.600	0.248	0.110
定南县	0.082	0.349	0.978	1.028	0.475	0.163	寻乌县	0.094	0.148	0.640	0.768	0.243	0.236
于都县	0.088	0.142	0.957	1.195	0.452	0.458	安远县	0.074	0.196	0.573	0.593	0.236	0.099
兴国县	0.079	0.192	0.929	0.972	0.450	0.295	南丰县	0.115	0.288	0.672	0.826	0.228	0.124
金溪县	0.095	0.244	0.956	1.117	0.440	0.315	吉水县	0.117	0.132	0.670	0.554	0.224	0.145
信丰县	0.113	0.219	0.982	0.977	0.425	0.270	永新县	0.080	0.207	0.568	0.681	0.222	0.133
铅山县	0.096	0.123	0.897	0.904	0.401	0.331	永丰县	0.071	0.139	0.544	0.500	0.221	0.110
南城县	0.128	0.277	0.983	1.022	0.401	0.234	崇义县	0.086	0.105	0.568	0.537	0.211	0.164
泰和县	0.086	0.198	0.849	0.755	0.388	0.180	资溪县	0.097	0.205	0.559	0.529	0.188	0.059
分宜县	0.144	0.270	0.987	0.938	0.377	0.198	井冈山市	0.076	0.451	0.505	1.473	0.188	0.284
吉安县	0.118	0.298	0.897	0.850	0.364	0.126	贵溪市	0.147	0.424	0.680	1.363	0.180	0.256
大余县	0.184	0.290	1.059	1.119	0.355	0.269	安福县	0.066	0.204	0.452	0.491	0.173	0.040
宜黄县	0.066	0.211	0.718	0.791	0.339	0.184	峡江县	0.059	0.211	0.323	0.407	0.104	-0.009
遂川县	0.052	0.152	0.670	0.502	0.332	0.098							

合度分别达到 0.8279、0.8491（图 4-4），表明二者的空间分布均相对趋于集中，其中赣州市、萍乡市对人口、土地集聚作用尤为明显。

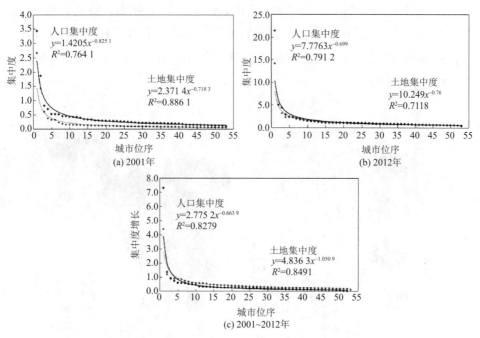

图 4-4　赣南等原中央苏区人口及土地集中度分布特征
浅色要素代表城市人口集中度，深色要素代表土地集中度

3. 城市人口、土地集中度的空间演化分析

Kernel 密度分析根据输入的要素数据计算整个区域的数据集聚状况，从而产生一个连续的密度表面。在 Kernel 密度分析中可用连续的密度曲线描述随机变量的分布形态。设随机变量 x 的密度函数为 $f(x)$，在点 x 处的概率密度为

$$f(x) = \frac{1}{Nh}\sum_{i=1}^{N}\frac{K(x_i - x)}{h}$$

式中，N 为研究的区域个数；h 为带宽；$i = 1, 2, \cdots, N$；$K(x_i - x)$ 为随机核估计的核函数。

　　为探究城市人口、土地集中度的空间分布及其演变状态，研究以人口集中度、土地集中度为分析对象，设置 50km 为搜索半径进行 Kernel 密度分析，并对 2001 年密度值进行 Natural Breaks（Jenks）分类，将其分为 6 类，以此为依据分别对 2012 年密度图进行分层，制成专题图（图 4-5、图 4-6）。Kernel 密度演化结果显示，城市人口及城市土地在空间上逐步形成典型的多核心-边缘结构。

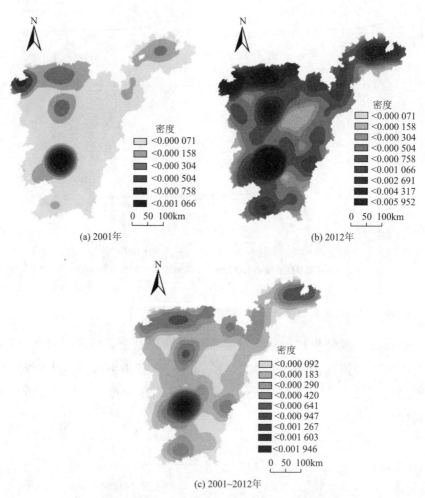

图 4-5　赣南等原中央苏区人口集中度 Kernel 空间演化

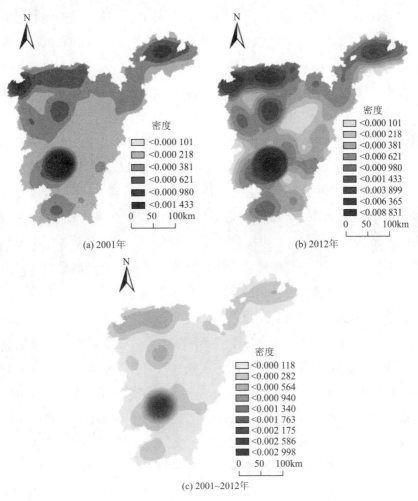

图 4-6　赣南等原中央苏区土地集中度 Kernel 空间演化

　　从城市人口集中度格局来看：2001 年，以萍乡-宜春-新余、吉安、赣州、弋阳-横峰为中心的城市区域形成赣南等原中央苏区内四个人口集聚区，且四者在空间分布上基本呈独立状态；赣南等原中央苏区大部分区域密度值均较低，成为人口空间规模的边缘地带；龙南、南城成为人口集聚区的趋势较为明显。2012 年，区域整体密度显著提高，多核心-边缘结构形成，边缘区范围集聚缩小；赣南等原中央苏区西北部以萍乡、宜春-新余为核心形成人口分布的"双核结构"，东北部主要以弋阳-横峰-铅山-上饶一线为中心形成条带状核心区，中部以吉安为核心沿吉泰盆地形成纵向条带式展布区，南部形成以赣州为核心、龙南和瑞金为副核心的"一核两翼"人口分布格局；永丰南部、吉水东部地区形成人口分布塌陷区。由图 4-6（c）可知：赣州区域人口增长十分显著，基本形成以赣州为核心增长极，新余-宜春-萍乡、吉安、崇仁、弋阳-横峰-铅山、瑞金、龙南为次级核心的"众星拱月"格局；受地形影响，人口增长低密度区大部分处于赣南等原中央苏区边缘或起伏较大区域。

从城市土地集中度格局（图 4-6）来看：2001 年，以萍乡-新余、吉安、赣州、弋阳-横峰为中心形成赣南等原中央苏区四个土地扩张区，萍乡-宜春-新余呈明的条带状发展趋势，四个土地扩张区分布于赣南等原中央苏区西北部、中部、南部及东北部地区，地域性较为显著；受地形影响，低密度地区多分布在省际边缘山区。2012 年，核心区范围进一步扩大，萍乡-宜春-新余形成带状核心区；赣南等原中央苏区南部形成"赣州核心突起，龙南、瑞金两翼齐飞"的空间格局。总体来看，区域密度值受交通影响显著呈典型的条带状分布，交通枢纽多为核心区，这成为赣南等原中央苏区城市土地规模结构演变的重要特征。基于 2001～2012 年动态扩张密度图分析可知：区域边缘地带建成区受地形影响扩张趋势并不明显，而吉泰盆地基本连接北部带状核心区及南部赣州土地扩张区；受行政、交通多重因素影响，萍乡-新余-宜春、吉安和赣州等区域形成典型的土地扩张增长极，其中以赣州区域十分明显；赣南等原中央苏区北部受交通影响形成带状扩张格局，中部及南部地区受行政等级、地形等多因素影响形成核心-边缘式的扩张格局；寻乌受东西两侧均为山脉的地形影响成为土地扩张的孤立岛。

4.2.3　城市人口增长-土地扩张耦合特征分析

1. 人口增长-土地扩张耦合指数

传统城市人地弹性系数多采用人口增长率与土地扩张率间的比例关

系，不仅忽视了地形因素影响，而且较难表征人口等要素在地域上的集中
状况。为此，本节在集中度基础上，通过地形阻抗系数对人地弹性系数进
行修正，构建了人口增长-土地扩张耦合指数。计算方法为

$$C_i = \frac{R_{pi}}{K_i \cdot R_{li}}$$ （4-5）

式中，C_i 为 i 区域人口增长-土地扩张耦合指数；K_i 为 i 区域地形阻抗系数；
R_{pi} 为人口增长集中指数；R_{li} 为土地扩张集中指数。通过 ArcGis 空间分析模
块计算得出 i 区域海拔<500m 且相对高度小于<200m 的区域面积 mter_i，利用
mter_i 与县域国土面积 ter_i 的比率关系计算地形阻抗系数 K_i。

2. 城市人口集中度与土地集中度的关联性

整体来看，赣南等原中央苏区城市人口集中度与土地集中度具有一定的
关联性。在集中度的数据基础上，对 2001 年、2012 年、2001～2012 年人口
与土地进行回归分析，以说明人口与土地的辩证关系。以土地为自变量，人
口为因变量进行回归分析，得到回归方程及相关性系数分别为：
$Y_{2001} = 0.7825X - 0.0923$（$R^2$=0.9687）；$Y_{2012} = 0.6636X + 0.2699$（$R^2$=0.9761）；
$Y_{2001-2012} = 0.574X + 0.25$（$R^2$=0.9279）。相关系数由 2001 年的 0.9687 增长至
2012 年的 0.9761，说明人口与土地呈显著的相关性，且这种相关性在逐步增
长；2001～2012 年的人口增长与土地扩张相关系数达到 0.9279，进一步表明
人口与土地的空间分布及扩张增长具有相关性。

3. 城市人口增长与土地扩张空间耦合形态特征

标准差椭圆（standard deviational ellipse，SDE）是空间统计方法揭示地
理要素空间分布整体特征的有效方法之一。SDE 可以通过中心、转角 θ、沿
主轴（长轴）的标准差和沿辅轴的标准差等要素进行多视角反映地理要素的
空间分布的中心性、展布性、方向性、空间形态等特征。在 ArcGis 9.3 软件
平台下通过空间统计模块，对赣南等原中央苏区人口增长、土地扩张的标准
差椭圆各参数进行计算，以识别人口增长、土地扩张的空间分布、移动变化

等趋势。

从空间重心来看（图 4-7）：赣南等原中央苏区人口重心由西北逐步向东南方向偏移，偏移距离达到 21km，年平均迁移 1.75km；土地重心由北向南偏移，偏移距离为 19km，年平均迁移 1.16km；人口重心的移动幅度略大于土地重心，表明人口重心的移动更具有敏感性。2001 年，人口重心位于几何重心西部约 34km，土地重心位于几何重心西北方向 20km 处，二者相距约22km；

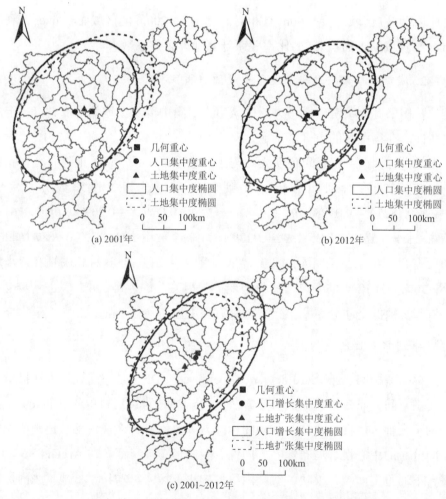

图 4-7 赣南等原中央苏区人口增长-土地扩张空间格局及其拟合

2012 年，人口重心及土地重心均位于几何重心西南部，其中人口重心距离几何重心约 20km，距离土地重心约 28km，二者相距约 7km；重心的距离缩小表明赣南等原中央苏区整体人口与土地趋于拟合，整体耦合程度良好。从 2001~2012 年动态增长来看，赣南等原中央苏区人口重心位于几何重心的南部约 10km 处，土地扩张重心位于几何重心西南部约 42km，二者相距达 32km，表明人口增长与土地扩张的空间分布及增长速度差异较大。

从转角 θ 来看：城市人口与土地的空间分布均呈北东-南西空间格局，其中城市人口的北东-南西空间格局得到强化，而土地的北东-南西空间格局则出现弱化；发展至 2012 年，二者在空间格局分布上趋于吻合。2001 年、2012 年，城市人口地理集中度转角由 34.489°增长至 38.752°，而建成区地理集中度转角由 42.760°缩小至 36.533°，二者间的转角差由 8.271°降低到 2.219°，表明二者在空间格局上差异持续缩小。动态增长椭圆显示人口增长与土地扩张的转角差达到 8.4°左右，人口增长与土地扩张空间分布格局间差异性较大。

从主轴方向来看，城市人口主半轴标准差由 169.9km 扩大至 188.2km，表明赣南等原中央苏区城市人口在主要方向上出现分散，建成区主半轴标准差由 193.1km 缩小至 185.9km，建成区在主要方向上则出现极化现象；二者的比值演变显示赣南等原中央苏区城市人口与建成区面积在主要方向上逐步趋于拟合；从辅轴方向上看，城市人口及建成区辅半轴标准差均变化较小，但二者比值有所缩小，表明二者在辅轴方向上存在不均衡性。从 2001~2012 年动态演变可知，人口增长与土地扩张在主半轴方向上相差 23.7km，在辅半轴方向上仅相差 6.6km，说明在北东-南西方向上人口增长与土地扩张间的不均衡相对显著。

SDE 从多视角说明人口与土地的空间格局以北东-南西向为主，空间分布的差异性明显；2001~2012 年人口及土地分布格局呈现由不均衡逐步趋于拟合；人口增长与土地扩张的空间分布格局、规模和增长速度差异十分显著。

4. 城市人口增长-土地扩张耦合趋势分析

由人口及土地集中度耦合趋势图（图 4-8）可知：2001 年，赣南等原中央苏区耦合指数整体呈现出西高东低、南高北低趋势，趋势线基本处于人口增长区内；这一时期仅崇义落在土地扩张区内；而受行政等级体系影响，西北部有萍乡、宜春、新余等人口集聚中心，南部有赣州人口集聚中心，形成趋势曲线的两个高点；而东北部虽位于人口增长区，但由于地处鄱阳湖平原外围，地势相对平坦，建成区规模相对较大，造成趋势线东部及北部的部分下陷。2012 年，赣南等原中央苏区耦合指数整体提高明显，趋势线大部分处于人口协调区内，并在东西方向上呈现出东高西低格局，而在南北方向上起伏变化进一步加大；瑞金、崇义、遂川、宁都等耦合指数较高，是趋势线南部进一步隆起的重要原因。人口增长-土地扩张动态耦合趋势图显示：东西、南北方向上的趋势线均处于土地扩张区内；趋势线较为平稳，在南部及西部地区出现小幅度下降；其中乐安、安福、遂川等耦合指数较高，而赣州、吉安等耦合指数偏低。

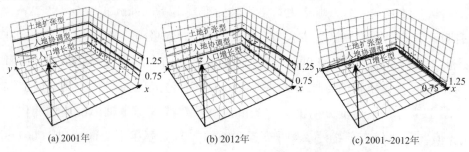

(a) 2001年　　　　　　(b) 2012年　　　　　　(c) 2001~2012年

图 4-8　赣南等原中央苏区人口及土地集中度耦合趋势

4.2.4　城市人口增长-土地扩张耦合类型动态演变

在 2001 年、2012 年、2001~2012 年耦合指数基础上，依据耦合指数$(-\infty, 0.75]$、$(0.75, 1.25]$、$(1.25, +\infty)$将赣南等原中央苏区 53 个研究单元划分为 3 种类型，根据其内涵分别命名为人口增长型、人地协调型及土地扩张型，并进行空间可视化（图 4-9）。

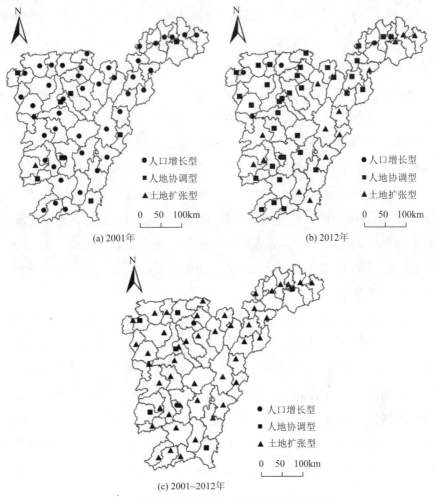

图 4-9　赣南等原中央苏区城市类型动态演变

人口增长型：2001 年此类型城市有 44 个，占 83%左右，这一时期赣南等原中央苏区整体经济发展水平处于低水平阶段，城市建设进程相对缓慢，人口伴随着城镇化发展向城市集聚，二者的相互发展导致人口规模超过建成区面积。2012 年此类型县域急剧减少，仅有井冈山、芦溪、贵溪、赣州及新余 5 个，人口规模仍进一步扩大，形成这一时期的人口集聚区，而城市建设基本实行集约化发展，导致其扩张规模仍不及人口集聚。从城市动态耦合来看，2001~2012 年，人口增长型城市只有赣州和峡江，赣州作为赣南等原中央苏区核心增长极，受特色工业产业（有色金属开采及加工）发展影响，易于吸引人口，促进了城市人口规模的增长，而土地扩张敏感性远不及人口增长，增速、规模均不及人口增长；峡江的城市土地呈缩减状态，而人口则增长近一倍，二者共同作用导致峡江成为人口增长型县城。

人地协调型：2001 年此类型城市共 8 个，其中萍乡、赣州受行政因素影响，建成区面积能较好地承载地区人口规模，属于高水平协调；而大余、石城、铅山等受地形因素影响，城市人口规模及建成区面积均较小，属于低水平协调发展。2012 年，此类型城市共 34 个，占据主导地位，这一时期赣南等原中央苏区人口规模及建成区面积基本呈现协调状态。2001~2012 年，此类型城市处于地市周边及边缘山区，受地市扩散作用及地形因素影响，城市土地扩张规模基本与人口增长大体一致。

土地扩张型：2001 年此类型城市仅崇义 1 个，主要原因是受地形阻抗影响，适建区范围相对较小，而现实建成区规模所占比例较大，导致城市蔓延发展，人地关系失调。2012 年，土地扩张型城市增加至 14 个，主要分布在区域边缘地区，人口增长较土地扩张发展缓慢。由图 4-9（c）可知，赣南等原中央苏区城市基本为土地扩张型发展，主要原因在于新型城镇化深入发展、区域扶贫攻坚等政策对城市土地扩张具有一定影响作用，而地方城市受制于经济发展水平影响对人口的集聚作用明显不足；二者相互作用形成以土地扩张发展为主导的人地关系格局。

总体来看，2001 年，赣南等原中央苏区整体经济发展水平较低，城市建设进程缓慢，基本以人口增长型为主；2012 年，整体经济水平得到迅速发展，城市建设水平大幅度提高，人口规模的基数较大，致使这一时期区域呈现以人地协调型为主的人地关系格局。而 2001~2012 年人口增长-土地扩张耦合格局很好地解释了 12 年来赣南等原中央苏区城市人地发展状况，即以土地扩张型关系占据主导地位；其发展格局表明城市土地扩张速度明显快于人口增长速度，城市蔓延式扩张趋势将变得十分显著。

4.2.5　本节小结

1. 主要结论

以赣南等原中央苏区为研究对象，在集中度基础上引入地形阻抗系数并构建人口增长-土地扩张耦合模型，利用数理统计方法和空间分析方法从城市人地发展现状、人地耦合特征、城市耦合类型动态演变和城市人地协调发展建议四个方面对丘陵山地地区城市人地发展进行深入分析，主要结论如下：

2001～2012 年，城市人口和土地发展均呈现幂分布特征，且人口幂分布特征进一步增强，而土地则具有弱化趋势。从空间格局来看，城市人口及城市土地在空间上逐步形成典型的多核心-边缘结构，其中人口增长形成以赣州为核心增长极，新余-宜春-萍乡、吉安、崇仁、弋阳-横峰-铅山、瑞金、龙南为次级核心的"众星拱月"格局；土地扩张受行政、交通、地形等因素影响，赣南等原中央苏区北部形成条带状扩张格局，而中部及南部地区则形成核心-边缘式扩张格局。

2001～2012 年，赣南等原中央苏区城市人口集中度与土地集中度具有一定的关联性，且关联性逐步增强；人口与土地的空间布局以北东-南西向为主，人口及土地分布格局呈现出由不均衡逐步趋于拟合，其中人口格局的演变更具敏感性，人口增长与土地扩张的空间分布格局、规模和增长速度差异显著；趋势线在东西方向上变化最为显著，南北方向上起伏度变化则进一步增大。

根据耦合指数，将赣南等原中央苏区划分为人口增长型、人地协调型和土地扩张型。2001～2012 年，赣南等原中央苏区主导城市类型由人口增长型转变为人地协调型；而人口增长-土地扩张耦合格局则以土地扩张型城市为主，揭示了 12 年来城市人地发展状况，其发展格局表明城市土地扩张速度快于人口增长速度，城市蔓延式扩张趋势将变得十分显著。

2. 对策建议

2001～2012 年，赣南等原中央苏区城市人地关系基本以土地扩张型为主。在新型城镇化不断深入发展的背景下，利用科学思维全面认识土地扩张与人口增长的合理性，关系到赣南等原中央苏区实现可持续发展和协调发展的效用，关系到"苏区振兴发展"的高度。为此，实现赣南等原中央苏区城市发展应做到以下几点：

立足生态环境保护、优化城市用地结构，实现城市精明发展。赣南等原中央苏区是我国南方地区重要生态屏障，拥有高森林覆盖率，是赣江、东江等江河源头，生态地位突出；城市发展进程中应在生态保护前提下制定各级人均合理用地指标，完善各级区域的主体功能区区划，合理设定"耕地红线、生态绿线、建成区底线"，以防止城镇建设中土地"冒进"现象的继续蔓延。地级城市需正确处理旧城区改造与新区建设的关系，完善基础设施建设，提升土地容积率，赣州、吉安、萍乡、新余等核心城市应进一步优化土地利用结构、建设紧凑型城市，形成赣南等原中央苏区城市发展的"一核多点"网络格局；各地中小城市在土地利用效率提升、生态环境保护基础上，要注重城市增长质量，在城市空间发展格局内形成对大城市发展的有力支撑和补充；在保障农村耕地、合理扩张工业用地基础上，培育发展小城镇，以促进乡镇企业的发展，带动城乡就业，实现新型城镇的精明发展。

强化城市建设质量、提升城市人口质量，实现城市内涵发展。培育新型市民，提升城市人口素质，营造"苏区振兴发展"良好的人文环境；立足赣南等原中央苏区实际发展现状，赣州、萍乡、新余等城市人口比例大、建设面积扩张也较为显著，其城市发展应实行集约化发展，在注重人口质量提升的基础上合理引导城市人口的增长，逐步实现特色城市建设（如赣州建设生态文明城市）；县级城市注重城市质量，合理定位、科学发展，适时发展成为大中城市（如瑞金、龙南）；在特色发展、人地协调发展的基础上，合理培育中小城镇，引导城镇密集区的有序发展（如上犹建设生态县），逐步实现赣南等原中央苏区内涵式、特色化发展格局。

完善城市结构体系、创新城市管理制度，促进城市科学发展。在新型城镇化背景下，赣南等原中央苏区在完善城市规模结构方面应按照"合理发展大城市、做强中小城市、择优培育中心城镇"的原则，打造北部高铁沿线城镇带、中部吉泰盆地城镇带、南部"一核两翼"城镇群，逐步形成结构完善、布局合理、特色鲜明、发展协调的城镇体系。在创新城市管理制度方面应将城市发展质量、绿色 GDP 等指标纳入政府政绩考核体系中并建立相关的标准，树立绿色政绩观；通过公共投资实现对城市土地和空间开发的合理引导，通过税制设计实现对不同区位土地开发强度的引导，加强空间开发管制，健全规划管理体制机制；依据分步推进、因地制宜的原则有序推进农业转移人口市民化；完善城市治理结构，创新城市管理方式。

4.3 鄱阳湖生态经济区生态经济系统耦合研究

1978 年以来，中国经济经过高速增长之后，随着人口增长、资源环境约束趋紧，经济社会发展和生态环境保护矛盾日益凸显。近年来，经济发展与生态环境交互耦合关系成为学界关注的热点问题。1972 年罗马俱乐部在其提交的《增长的极限——罗马俱乐部关于人类困境的报告》中提出了"增长极限论"，悲观地认为人类只有采取"自我限制增长"（丹尼斯·米都斯，1997），才能使地球免遭毁灭。而与之相对的另外一批对生态环境与经济发展持乐观态度的学者认为新资源勘探、资源利用、技术创新等因素的引入，会导致罗马俱乐部所言的增长极限被无限推迟，这其中以 Simon（1981）的《没有极限的增长》为代表。这场思想辩论引发了人们对传统的粗放经济增长后果的反思。20 世纪 90 年代，受库兹涅茨曲线理论启发，美国学者 Grossman 和 Krueger 结合发达国家经济发展与环境质量演变关系，提出了"环境库兹涅茨曲线"（Jill et al.，2009），之后，诸多学者针对这一理论展开实证研究，探讨经济发展与生态环境的关系，并逐步深入其形成机制和理论层面的研究（Panayotou et al.，1995；Dinda et al.，2004；Stern et al.，2001）。目前，构建动态系统模型，以可持续性为核心分析生态经济相互作用及其内在反馈机制成为主流（高群，2003）。国内学者也分别运用不同理论方法对不同尺度区域的生态经济系统交互作用演变进行研究。刘耀彬等（2005b）、吴玉鸣和张燕（2008）从全国尺度，运用耦合度、协调度模型测度了各省区域经济生态环境耦合状况，发现东部省区耦合协调度普遍高于中西部省区的空间格局。杨振等（2005）、孙玥等（2014）分别采用生态足迹模型、能值理论模型对甘肃、辽宁的区域生态经济可持续性进行评估。此外，构建指标体系对生态经济系统进行综合评估的研究较多，如经济与环境污染耦合格局分析（马丽等，2012）、区域生态经济效率评价（张煊等，2014）、城市化与生态环境非协调性耦合关系判别（孙平军，2014）等。总体上，现有研究较多着眼于探讨全国、省级、地级研究单元生态经济的耦合协调关系的时序演变与空间格局，而针对县域层面分析其生态-经济系统耦合协调情况的成果则较为鲜见。县和县级市是我国制定地区经济和社会中长期发展规划，进行地区性资源的开发与分配，以及生态环境保护与治理的最基层行政地域单元（毛汉英，1991）。鉴于此，本节以县域为基本研究单元，运用耦合度、协调度模型揭示鄱阳湖经济区内部生态经济系统耦合协调特征，刻画区域生态经济系统耦合协调度时空演变格局，为区域人口、资源、环境与经济的协调可持续发展提供决策参考。

4.3.1　生态经济系统耦合度与协调度测算

1. 生态经济系统耦合评价指标体系构建

按照科学性、整体性、层次性和可操作性等原则，结合区域社会经济与生态环境发展状况，从生态环境与经济发展两个子系统出发选取指标。生态环境子系统的指标从生态产品的供给和需求角度进行选取，参照国家环境保护局颁布的《生态环境状况评价技术规范（试行）》（HJ/T 192-2006），选取生物丰度指数、植被覆盖度、土壤侵蚀强度、水网密度及建筑指数、人口密度等指标。经济发展以综合城市发展水平来表征，即从人口城市化、空间城市化、经济城市化、服务城市化等方面进行指标选取，包括非农业人口数量、城市建成区面积、财政收入、GDP、人均GDP、经济密度、卫生床位数等指标。社会经济数据来源于 2002～2013 年《江西统计年鉴》《中国县（市）社会经济统计年鉴》及《中国城市统计年鉴》。生态指标由美国地质调查局（http://glovis.usgs.gov/）提供的覆盖研究范围的相关年份的 Landsat TM/ETM+影像数据经预处理后解译获得。研究区底图来自国家基础地理信息中心。

2. 生态经济系统耦合度模型

"耦合"源自物理学中的概念，指两个或两个以上的系统或运动形式通过各种相互作用而彼此影响的现象（王永初和王启志，1999）。耦合度表征的就是系统或要素之间相互影响的程度。从协同学的角度看，系统由无序走向有序的关键在于系统内部参量之间的协同作用，其决定着系统相变的特征与规律，耦合度可以客观描述系统或要素之间交互作用的强弱。据此，本节将生态经济系统各子系统及内部各要素之间的相互作用、相互制约的动态耦合关系定义为生态经济系统耦合度，根据耦合度强弱的时空演变，可以揭示区域经济发展与生态环境的交互耦合空间格局。

耦合度模型计算首先要确定各指标的功效函数值。生态经济系统由生态与经济两个子系统组成。每个子系统由若干个指标构成。由于指标数值和方向不同，需要对各个指标进行标准化处理，用于计算每个子系统中各指标的功效函数值。计算公式为

$$正向指标：\quad d_{ij} = \left(X_{ij} - X_{ijmin} \right) / \left(X_{ijmax} - X_{ijmin} \right)$$

$$负向指标：\quad d_{ij} = \left(X_{ijmax} - x_{ij} \right) / \left(X_{ijmax} - X_{ijmin} \right)$$

（4-6）

式中，d_{ij} 为系统 i 指标 j 的功效值，反映目标达成的满意程度，其取值范围为 $0 \leqslant d_{ij} \leqslant 1$；$X_{ijmax}$ 为系统 i 指标 j 的最大值；X_{ijmin} 为系统 i 指标 j 的最小值；X_{ij} 为系统 i 指标 j 的值。

生态与经济子系统的综合功效是各系统内所有指标对该子系统的贡献的综合集成，一般采用线性加权求和法来求算（王永初和王启志，1999）：

$$u_i = \sum_{j=1}^{n} W_{ij} \times d_{ij}, \ 其中, \ W_{ij} \geqslant 0, \ \sum W_{ij} = 1, \ j = 1, 2, \cdots, n \quad （4-7）$$

式中，u_i 为各子系统的综合功效；W_{ij} 为系统 i 指标 j 的权重，常用的确定指标权重的方法包括层次分析法、专家打分法、熵值法，其中熵值法是一种相对客观的赋权方法，它通过测度指标的信息熵来诊断确定权重，指标的相对变化程度对系统的影响越大，则赋予该指标较大权重，熵值法一定程度上避免了主观判断方法的局限性。因此，本节采用熵值法确定生态环境和经济发展两个子系统的指标权重（表 4-7）。

表 4-7　生态经济系统评价指标体系

子系统	评价指标	权重
生态子系统	生物丰度指数	0.183
	植被覆盖度	0.157
	土壤侵蚀强度	0.187
	水网密度	0.312
	建筑指数	0.116
	人口密度	0.045
经济子系统	非农业人口数量	0.144
	城市建成区面积	0.109
	财政收入	0.150
	GDP	0.063
	人均 GDP	0.174
	经济密度	0.221
	卫生床位数	0.139

借助物理学的容量耦合概念及容量耦合系数模型，可推广得到 n 个系统或要素的相互影响耦合度模型，可表达为

$$C_n = \sqrt[n]{\frac{u_1 \times u_2 \times \cdots \times u_m}{\left[\prod (u_i + u_j)\right]}} \qquad (4\text{-}8)$$

因为本节测算的是由生态与经济两个子系统构成的系统耦合度，所以可由上述模型直接得到生态经济系统耦合度模型，即

$$C = \sqrt{(u_1 \times u_2)/(u_1 + u_2)(u_1 + u_2)} \qquad (4\text{-}9)$$

式中，u_1，u_2 分别为生态与经济两个子系统的综合功效；C 为系统耦合度值，显然 $0 \leqslant C \leqslant 1$。当 $C=0$ 时，生态经济系统耦合度极小，系统之间或系统内部要素之间互不关联，系统将向无序状态发展；当 $0<C \leqslant 0.3$ 时，区域经济发展水平较低，生态环境承载力强，生态经济系统处于低水平耦合阶段；当 $0.3<C \leqslant 0.5$ 时，生态经济系统耦合水平进入拮抗阶段，该阶段区域经济进入快速发展区间，生态环境受到污染，生态承载力下降；当 $0.5<C \leqslant 0.8$ 时，经济快速增长期间导致的环境破坏引起地方政府发展战略的调整，已经将大量资金用于生态环境修复，系统开始良性耦合，生态经济进入磨合阶段；当 $0.8<C<1$ 时，系统进入高水平耦合阶段，经济发展与生态环境和谐互动、相互促进、共同发展；当 $C=1$ 时，系统耦合度达到最大，系统之间或系统内要素之间达到良性共振，系统趋向新的有序结构。当然，因区域发展路径复杂多样，受政策或突变因素影响，生态经济系统耦合阶段可能出现倒退或跳跃演进的现象。

3. 生态经济系统协调度模型

耦合度体现了区域经济发展与生态环境交互耦合的作用强度和时序区间，是预测生态与经济发展秩序的重要指标，但在多个区域对比分析时却很难反映出每个地区经济与生态建设的动态和不平衡性等特性，单纯依靠耦合度判别存在局限性。鉴于此，构建经济发展与生态环境协调度模型，可以更好地把握区域经济发展和生态环境建设的整体功效和协同效应。其计算公式为（曾珍香，2001）：

$$D = \sqrt{C \times T} \qquad (4\text{-}10)$$

$$T = \sqrt{\alpha u_1 \times \beta u_2} \qquad (4\text{-}11)$$

式中，D 为协调度；C 为耦合度；T 为经济子系统与生态子系统的综合协调指数；α、β 为待定系数，本书认为经济发展与生态保护同等重要，故设 $\alpha = \beta = 0.5$。u_1、u_2 分别为生态与经济两个子系统的综合功效。为便于各区域之间横向比较，根据协调度（0, 0.3]，（0.3, 0.5]，（0.5, 0.8]，（0.8, 1]又可划分为 4 个等级，分别为低度协调、中度协调、高度协调、极度协调。

4. 生态经济系统耦合度与协调度计算结果

耦合度与协调度的计算须先求算生态和经济子系统的综合功效。生态子系统功效求算步骤如下：首先借助 ERDAS IMAGINE 2010 和 ArcGIS 10.2，利用 TM 影像数据提取出各生态指标数值（人口密度指标基于县级单元实现空间化）并进行归一化，然后采用加权求和法得到基于栅格的经济区生态功效，再利用 ArcGIS 的 Zonal Statistics 工具求得各地级市、县级市及县的生态综合功效（$u_{生态}$）。经济子系统综合功效（$u_{经济}$）直接采用式（4-7）和式（4-8）计算得到。运用式（4-11）和式（4-12）计算得到经济区各地级市、县级市及县两期的耦合度 C 和协调度 D（表4-8）。

表 4-8 鄱阳湖生态经济区生态经济系统耦合度与协调度

地级市、县级市及县	$u_{生态}$		$u_{经济}$		C		D	
	2001 年	2012 年	2001 年	2012 年	2001 年	2012 年	2001 年	2012 年
南昌市	0.487	0.323	1.000	0.988	0.469	0.431	0.572	0.493
南昌县	0.612	0.412	0.102	0.159	0.350	0.448	0.296	0.339
新建县	0.621	0.368	0.079	0.087	0.317	0.393	0.265	0.266
安义县	0.540	0.441	0.053	0.061	0.284	0.328	0.219	0.232
进贤县	0.543	0.301	0.064	0.094	0.307	0.426	0.239	0.268
景德镇市	0.409	0.381	0.243	0.264	0.483	0.492	0.390	0.395
浮梁县	0.754	0.650	0.024	0.022	0.174	0.177	0.154	0.145

续表

地级市、县级市及县	$u_{生态}$		$u_{经济}$		C		D	
	2001 年	2012 年	2001 年	2012 年	2001 年	2012 年	2001 年	2012 年
乐平市	0.648	0.514	0.074	0.085	0.303	0.349	0.257	0.270
九江市	0.470	0.386	0.328	0.392	0.492	0.500	0.440	0.441
九江县	0.527	0.508	0.046	0.069	0.271	0.324	0.205	0.246
武宁县	0.677	0.663	0.010	0.021	0.121	0.172	0.100	0.142
永修县	0.750	0.551	0.032	0.055	0.198	0.287	0.175	0.223
德安县	0.643	0.520	0.029	0.036	0.202	0.245	0.166	0.183
星子县	0.636	0.514	0.011	0.019	0.131	0.184	0.106	0.134
都昌县	0.476	0.532	0.027	0.026	0.225	0.211	0.159	0.158
湖口县	0.589	0.460	0.064	0.049	0.297	0.294	0.240	0.210
彭泽县	0.452	0.557	0.019	0.013	0.195	0.148	0.133	0.112
瑞昌市	0.580	0.513	0.045	0.057	0.258	0.300	0.204	0.227
新余市	0.474	0.342	0.171	0.282	0.442	0.498	0.355	0.393
鹰潭市	0.337	0.261	0.138	0.362	0.454	0.493	0.313	0.389
余江县	0.485	0.380	0.020	0.024	0.193	0.238	0.137	0.152
贵溪市	0.487	0.436	0.083	0.108	0.352	0.399	0.266	0.295
新干县	0.670	0.513	0.036	0.034	0.220	0.241	0.185	0.178
丰城市	0.544	0.477	0.091	0.142	0.350	0.420	0.279	0.330
樟树市	0.476	0.426	0.064	0.110	0.322	0.404	0.237	0.296
高安市	0.492	0.360	0.062	0.070	0.315	0.370	0.234	0.242
抚州市	0.481	0.439	0.123	0.139	0.403	0.428	0.313	0.325
东乡县	0.573	0.520	0.041	0.034	0.249	0.240	0.195	0.179
余干县	0.579	0.473	0.025	0.031	0.198	0.239	0.154	0.170
鄱阳县	0.566	0.435	0.034	0.032	0.231	0.251	0.179	0.171
万年县	0.611	0.520	0.026	0.035	0.199	0.244	0.159	0.182
平均值	0.554	0.457	0.102	0.126	0.291	0.328	0.236	0.251

4.3.2　生态经济系统耦合度时空分布特征

经济区生态经济耦合度总体上呈现南高北低的分布趋势，高值区主要分布在南昌市、九江市等主要的设区市。从耦合度数值的总体演变来看，2001年和2012年经济区耦合度平均值分别为0.291和0.328，2001年比2012年提升近13个百分点，根据耦合度理论模型，经济区耦合阶段已由低水平耦合进入拮抗阶段，表明经济区经济发展驶入快车道，人口增长、工业污染、交通扩张等对区域生态环境胁迫作用加剧。从经济区耦合度内部差异来看，2001年最高值为九江市0.492，最低值为武宁0.121；2012年最高值为九江市0.500，最低值为彭泽0.148，说明经济区生态经济耦合度分布很不均衡，但内部差距逐步缩小。此外，值得注意的是，2001年滨湖的11个地区的平均耦合度为0.269，比全区平均值低8个百分点，说明相比于生态建设，滨湖区相对滞后的交通设施条件阻碍了其经济发展。2012年数据显示上述区域的耦合度平均值仍低于经济区平均值，滨湖区的经济发展水平仍然有待提升。

依据耦合度理论模型，按照经济区31地区两期耦合度值大小排序，可划分为高度耦合（$C>0.43$）、中度耦合（$0.3<C<0.43$）、低度耦合（$C<0.3$）三种类型（图4-10）。需要说明的是，这里的"高度耦合"、"中度耦合"及"低度耦合"是经济区各地区之间的相对称谓，并不具有全国普遍意义（以下的协调度划分同理）。高度耦合类型区包括南昌市、九江市、景德镇市、鹰潭市、新余市等设区市，2012年南昌县由中度耦合类型区进入高度耦合类型区。中度耦合类型区主要分布在高度耦合类型区周围，最为明显的是围绕南昌市已经形成高度耦合-中度耦合-低度耦合的圈层结构，以九江市、鹰潭市为核心的周边地区也形成了梯度结构的雏形，说明经济区的核心城市开始向周边区域辐射扩张，溢出效应明显。低度耦合类型区由2001年的17个缩减为2012年14个，耦合度普遍提升，说明10年间经济区内落后区域的经济水平取得长足进步。

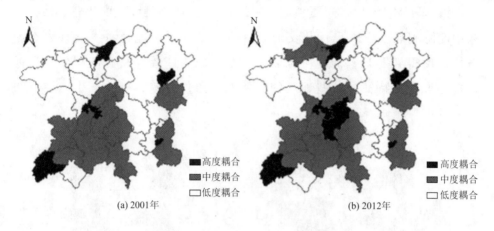

图 4-10　鄱阳湖生态经济区耦合度分级

4.3.3　生态经济系统协调度时空分布特征

经济区生态经济协调度分布特征与耦合度分布特征大致相似，呈现北低南高的分布态势，形成以南昌市为中心的高值连片区。2001 年和 2012 年的经济区协调度平均值分别为 0.236 和 0.251，表明经济区生态经济整体处于低强度协调阶段，区域经济建设对生态环境的压力尚处于生态承载力范围内。从经济区协调度内部差异来看，同样存在分布差异较大的现象，2001 年协调度值为 0.100～0.572，2012 年协调度值为 0.112～0.493。两年最高水平均为南昌市，其中南昌市生态经济协调度下降约 14%，但其周边的南昌、安义、进贤等县均有所上升，这主要与南昌市经济发展进入扩散阶段有关，南昌市自 2009 年启动的"森林城乡，花园南昌"生态绿化工程也促使了二者关系的调整。与耦合度分布特征类似，滨湖区 11 个地区的协调度平均水平同样低于全区平均值，成为区域内经济发展的"洼地"。

结合协调度理论模型，依照鄱阳湖生态经济区各地区协调度大小排序进行分类（图 4-11），主要涉及三种类型，即高度协调区（ $D>0.44$ ）、中度协调区（ $0.25<D<0.44$ ）、低度协调区（ $D<0.25$ ）。高度协调区仅包括南昌市、九江市两个单元。中度协调区呈现组团分布状态，主要包括环南昌市组团、

景德镇-乐平组团、鹰潭-贵溪组团。2012 年处于浙赣线上的进贤、樟树升入中度协调区，反映出优势交通条件有效带动了两地经济发展，生态经济协调度得到提升。低度协调区分布范围较为广泛，具有滨湖分布和远离核心城市的特征，这些地区的经济发展条件较差，制约了生态经济的协调发展。

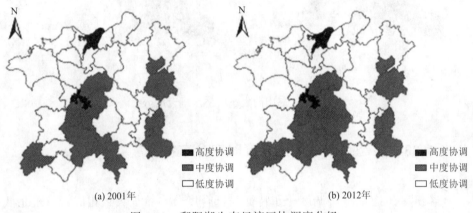

(a) 2001年　　　　　　　　　　(b) 2012年

图 4-11　鄱阳湖生态经济区协调度分级

4.3.4　生态经济系统耦合协调类型划分

为了深入分析经济区生态经济耦合特征，基于耦合度、协调度分析结果，综合各单元耦合度、协调度组合状况，依据耦合协调理论内涵，将经济区 31 个地区划分为磨合发展型、经济超前型、拮抗发展型、生态主导型四种类型区域（图 4-12）。

（1）磨合发展型区域，即生态经济高耦合高协调区域，包括南昌市、九江市这两个经济区核心城市，两市凭借优越的区位条件和政策优势，已经形成昌九工业走廊，经济建设成效显著，经济发展和生态环境逐步进入良性共振阶段。

（2）经济超前型区域，即生态经济高耦合中协调区域，主要有景德镇市、新余市、鹰潭市等设区市，这些地区凭借具有比较优势的特色产业，经济得

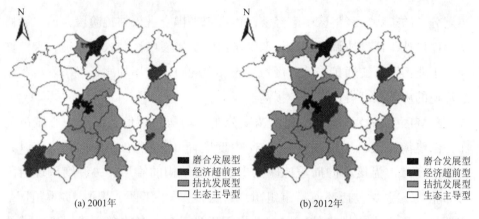

图 4-12　鄱阳湖生态经济区耦合协调类型划分

以快速发展，如景德镇的陶瓷产业早已蜚声海内外，成为该市的支柱产业；新余市钢铁产业和新能源产业已颇具规模，产业集群效应显现；鹰潭市有色金属工业在全国都具有重要地位，并培育出"江铜"这类明星企业。2012 年南昌县凭借毗邻南昌市的空间近邻效应，升入磨合发展型区域。此类区域经济正经历快速发展期，对生态环境产生了一些负面影响，经济发展与生态环境协调性不足。

（3）拮抗发展型区域，即中耦合中低协调地区，分布范围与中度耦合区基本一致，形成围绕南昌市、九江市、鹰潭市等设区市分布的格局。这类区域得益于较好的区位优势和交通条件经济发展速度加快，同时也迫使生态承载力下降。

（4）生态主导型区域，即低耦合低协调地区，这类区域主要分布在经济区边缘或者滨湖区，是经济区重要的生态功能区，经济建设的自然条件较差，或远离交通干线和区内中心城市，经济发展较为落后，经济发展和生态环境的交互作用较弱。

4.3.5　本节小结

1. 主要结论

鄱阳湖生态经济区耦合度与协调度总体上呈现北高南低，围绕核心城市集聚分布的态势。经济区生态经济已由低水平耦合进入拮抗阶段，但二者协调程度仍处于低度协调阶段，说明经济区经济发展已经驶入快车道，人口增长、工业污染、交通扩张等对区域生态环境的胁迫作用加剧，经济发展和生态环境的协调程度有待进一步提高。

经济区生态经济耦合度和协调度分布不均衡，高值区围绕中心城市分布。围绕南昌市已经形成高度耦合-中度耦合-低度耦合的圈层结构，以九江市、鹰潭市为核心的周边地区也出现梯度结构的雏形。协调度呈现组团分布格局，主要包括环南昌市组团、景德镇-乐平组团、鹰潭-贵溪组团。表明经济区内中心城市的辐射带动作用逐步显现，有效激活了周边区域的经济发展。

受制于自然条件的不足和滞后的交通建设，环鄱阳湖区各地区的平均耦合度及协调度均低于经济区平均值，成为经济区崛起进程中的"洼地"，这一状况在研究期末有所改善。根据各研究单元耦合度与协调度的组合情况，结合耦合度、协调度理论内涵，可将经济区划分为磨合发展型、经济超前型、拮抗发展型、生态主导型四类区域。

2. 讨论

区域经济在不同的发展阶段，生态经济系统相应地呈现不同的耦合协调态势。那么，形成经济区生态经济耦合协调分布格局的内在机制是怎样的，通过以上分析，认为可以归结为以下三个方面：①区域政策影响。以鄱阳湖水体为界可将经济区分成东西两部分，长期以来，经济区的发展重心一直在经济区西部，从早期的"昌九工业走廊"规划到近年来的"昌九一体化"等发展规划均围绕昌九展开，受这一系列区域发展政策的影响，围绕南昌市的地区的生态经济耦合度及协调度，相较于东部地区具有明显优势。②交通区位差异。区域交通格局深刻地塑造着区域经济格局，在本节进一步得到验证。以昌九和浙赣为轴线，以九江市、南昌市、新余市、鹰潭市为节点城市的交通格局与经济区耦合度协调度分布格局大体吻合。③自然环境影响。滨湖区域受鄱阳湖水体的天然阻隔，交通基础设施建设滞后，城镇化和工业化进程缓慢，农业仍占据重要地位，又受到湖水涨落影响，经济发展落后。生态经济耦合作用小，协调度也较低。

3. 政策启示

主体功能区划是构筑有序区域发展格局的依据（樊杰，2007），鄱阳湖生态经济区既是国家级重点开发区域，也是长江中下游水生态安全保障区，承担着经济发展和生态保护的双重任务。探索基于主体功能的区域发展路径具有重要的实践指导意义。

（1）磨合发展型区域。即南昌、九江两市，均为国家级重点开发区。从耦合度、协调度空间分布格局可以看出，南昌已经成为全区经济发展的核心，同时也应注意到南昌同中部其他省会城市相比城市规模和经济体量相对较小，对经济区的辐射带动作用有限。鉴于此，加速全面打造南昌核心增长极，拉开城市发展框架，做大经济总体规模，成为南昌发展当务之急。九江市依托赣北门户的优势区位，须加快实施昌九一体化等规划，持续推进与南昌在交通、市场、通信等领域的互联互通，促进两市高效协同发展，构筑辐射带动全区乃至全省发展的核心增长区域。

（2）经济超前型和拮抗发展型区域。这两类区域主要是省级或国家级重点开发区（除安义外），既包含景德镇市、鹰潭市、新余市、抚州市等区域中心城市，也包含丰城市、樟树市、高安市这类中等级别城市。这些地区依托交通优势区域经济取得较快发展，如浙赣线上的新余、南昌、鹰潭三市，昌九线上的九江、南昌、抚州三市。可见，交通基础设施可显著改善区域经济发展条件。因此，经济区应继续依托浙赣线、昌九线这两条东西、南北大动脉进行经济布局，逐步形成布局有序的两条城市发展带。

（3）生态主导型区域。即限制开发区（除瑞昌和彭泽外），包括农产品主产区和生态功能区。这些地区应严格控制高强度的经济开发活动，保持并逐步增强涵养水源、保持水土、维护生物多样性等生态功能。在保持生态系统不受损害的同时积极发展培育老年健康、健身娱乐、绿色食品等健康产业，走特色发展之路，将生态优势转化为发展优势。积极推进建立国家层面和经

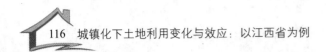

济区内部生态补偿机制，结合各地环境、人口结构、土地利用方式，合理组合资金、政策、智力、实物等补偿方式（倪才英等，2012）促进补偿效应最大化，同时促进长江下游生态保护受益省份的财政转移支付，促进经济区绿色崛起。

第 5 章　城镇化下江西省
土地利用生态效应

5.1　江西省土地利用变化下生态风险演变

生态风险是指种群、生态系统及其组分受自然或人类活动胁迫所承受的风险，进而对其健康、生产力、遗传结构、经济价值和美学价值造成不利影响（徐兰等，2015）。生态风险对于区域生态建设和资源利用具有重要指示意义，因此，生态风险评价成为现阶段指导区域生态建设、资源管理、环境修复、环境政策制定等工作的重要依据，受到学界的高度关注，已成为当前生态系统综合评估的核心课题和应用生态学的研究热点之一（Suter et al.，2003；阳文锐等，2007）。

土地利用是人与自然交互作用的核心环节，它与诸多环境与生态问题密切关联。不同土地利用方式和强度的生态影响可直观地表现在区域生态系统变化上，并且具有区域性和累积性特征（曾辉和刘国军，1999），而土地生态系统的结构与功能改变深刻影响着区域生态系统健康状况，对区域生态安全格局起决定性作用（Goldewijk，2001）。因此，从区域生态系统景观结构角度，开展土地利用变化下的生态风险评价具有重要意义。借助土地利用数据的高效性、易得性，诸多学者基于景观尺度对小流域、县域、海岛等中小尺度区域的生态风险进行评价（刘世梁等，2014；赵岩洁等，2013；胡和兵等，2011；吴剑等，2014），逐步形成景观生态风险评价框架，但该方法对于大尺度区域生态安全格局的把握方面适应性不足（陈春丽等，2010）。

流域作为集生物多样性、水源涵养、土壤保持等生态功能和人类社会发展功能于一体的综合生态地域系统，是构建区域资源利用和生态保护相协调的和谐人地关系的最佳途径（Aspinall and Pearson，2000）。鄱阳湖流域作为长江中下游自然特征保存最为完整的流域，成为流域问题研究的最理想场所。鄱阳湖流域内的鄱阳湖湿地生态屏障及赣南山地森林生态屏障分别是长江中下游和珠江流域水生态安全重要保障区（金斌松等，2012），作为中部地区加速形成的增长极之一，鄱阳湖生态经济区一直是江西省内人口、城镇最密集的区域，其生态地位和经济功能极为重要。因而，开展鄱阳湖流域土地利用生态风险评价对于流域生态和经济可持续发展具有重要理论及现实意义。以往关于鄱阳湖流域土地问题研究较多（樊哲文，2009；李建新等，2015；余敦等，2012；谢花林等，2015；徐羽和钟业喜，2016），其中关于土地生态安全评价主要是基于县域尺度利用综合指标法来展开，对数据要求较高且评价尺度有所限制。从土地利用结构动态演变角度考察区域生态风险状况是揭示大尺度区域生态安全格局的有效手段（徐兰等，2015），为此，本书结合空间自相关、地统计分析等空间分析方法，考察鄱阳湖流域土地利用变化下生态安全格局，揭示其空间分异规律，为流域开展生态治理和风险管理提供参考。

　　鉴于江西省行政单元与鄱阳湖流域自然地理单元范围的高度吻合性，本章以江西省区域范围代替鄱阳湖流域范围，便于后续基于行政区划单元的分析及统计数据的良好衔接。

5.1.1　土地利用生态风险评价方法

1. 土地利用生态风险指数构建

　　为提高估算生态风险指数的精确度，以及使空间分异特征得到有效呈现，根据景观生态学理论，在鄱阳湖流域各土地利用类型面积基础上依据等间距系统采样方式将研究区划分为 1510 个 10km×10km 的网格（图 5-1），从而确定景观生态样方面积。

　　基于网格采样法，利用各样地内的各地类面积比例来构建土地利用风险指数，用以描述一个样地内综合生态风险的相对大小，从而通过采样方式将土地利用结构转化为生态风险值，并以此作为样地中心点的土地利用生态风

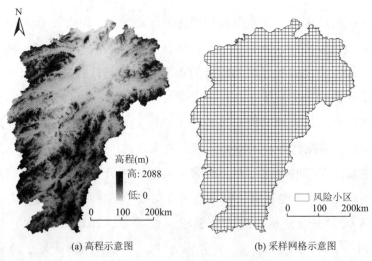

(a) 高程示意图   (b) 采样网格示意图

图 5-1   生态风险样区划分

险值。具体计算方法如下：

$$R = \sum_{i=1}^{m} \frac{A_i W_i}{A} \qquad (5\text{-}1)$$

式中，R 为土地利用生态风险指数；i 为各土地利用类型；A_i 为样地内第 i 种土地利用类型的面积；A 为样地总面积；W_i 为第 i 种土地利用类型所反映的生态风险强度权重。借鉴前人研究成果（叶长盛和冯艳芬，2013；杨永峰等，2010），考虑研究区内各地类利用方式和开发强度对区域生态系统的作用程度，将生态风险强度权重 W_i 分别设定为：耕地 0.32、林地 0.12、草地 0.16、水域 0.53、建设用地 0.85、未利用地 0.82。

2. 空间自相关

空间自相关是一种空间统计分析方法，其空间分布特征可以通过空间自相关的全局和局域两个指标来度量。全局自相关系数是用来验证整个研究区域的空间模式和度量属性值在整个区域空间上的分布态势或集聚状况，表示全局空间自相关的指标和方法很多，主要有 Moran's I、Geary's C、Getis 等，其中最常用的是 Moran's I，其取值范围为[-1，1]，其值大于 0 为正相关，即空间集聚，小于 0 表示负相关，即空间离散，趋于 0 时表示在空间呈随机分布。局域空间关联性指标 Getis-OrdG$_i^*$是用来揭示空间地域单元与其临近空间单元属性特征值之间的相似性或相关性，可以用于识别"热点区域"及数据的异质检验，一般而言，局部空间内高值对象或低值对象频繁集聚可分别形成热点区域和冷点区域。

3. 半变异函数

半变异函数可以关联到样本之间的空间独立量，已逐步成为挖掘地理现象空间分布规律的重要工具之一。研究借助半变异函数法对鄱阳湖流域土地利用生态风险进行空间分析，并通过样地生态风险指数值的空间插值，反映各样地之间的空间关系（田义超等，2015）。其具体计算公式为

$$\gamma(h) = \frac{1}{2N(h)} \sum_{i=1}^{N(h)} \left[Z(x_i) - Z(x_i + h) \right]^2 \tag{5-2}$$

式中，$\gamma(h)$ 为变异函数；h 为样本空间间隔距离；$N(h)$ 为抽样间距为 h 时的样点对总数；$Z(x_i)$ 和 $Z(x_i + h)$ 分别为生态风险指数 $Z(x)$ 在空间位置 x_i 和 $x_i + h$ 的实测值。

5.1.2　生态风险指数集聚空间格局

全局空间自相关指标用于验证整个研究区某一要素的空间模式及其显著性。本节以样地风险指数为变量，在 GeoDa 软件支持下计算得出鄱阳湖流域生态风险指数的全局 Moran's I。结果显示（表 5-1）：3 个时期鄱阳湖流域生态风险指数的全局 Moran's I 均达到 0.77 以上，其中，2005 年为 0.7717，2010 年为 0.7768，2013 年下降至 0.7722，差异变化较小。3 个时期全局 Moran's I 估计值均为正值，显著性水平均小于 0.05，表明鄱阳湖流域生态风险指数在空间分布上具有显著的正相关性；其差异变化表明生态风险的空间集聚表现出较为稳定的状态。

表 5-1　全局空间自相关计算结果

结果参数	2005 年	2010 年	2013 年
Moran's I	0.7717	0.7768	0.7722
Expected Index	−0.0005	−0.0005	−0.0005
Z-score	44.15	44.43	44.17
Threshold value（α=0.05）	1.96	1.96	1.96

注：Expected Index 为期望 Moran's I；Z-score 为 Z 得分；Threshold value（α=0.05）为 5%显著性水平判断阈值

借助局部自相关指标 Getis-OrdG$_i^*$指数来考察研究区 2005～2013 年生态风险指数变化的局部情况，运用 Natural Breaks 方法依据 GiZScore（Getis-OrdG$_i^*$指数的计算结果）将研究区划分为热点区（1.976<GiZScore）、次热点区（0.333<GiZScore<1.976）、温点区（−0.916<GiZScore<0.333）、次冷点区（−4.082<GiZScore<−0.916）、冷点区（−14.566<GiZScore<−4.082）。如图 5-2 所示，生态风险变化冷热点变化南北差异显著。鄱阳湖流域生态风险指数变化温点区分布较为广泛；热点区分别呈"U"形分布在环鄱阳湖区、呈散点状分布在地级市周边地区；次热点区主要在热点区周边地区；冷点区及次冷点区主要分布在鄱阳湖区，省域边缘山地地区；说明环鄱阳湖区及中心城市周边是土地利用生态风险增加的主要分布区域。

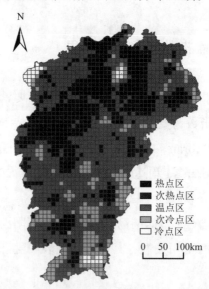

图 5-2　土地利用生态风险指数变化 Getis-OrdG$_i^*$指数空间分布（2005～2013 年）

5.1.3　生态风险指数的空间分布特征

为探讨土地利用风险指数的空间结构，对 3 个时期的生态风险指数的半变异函数进行模型拟合。结果显示：3 个时期半变异函数的球状模型的拟合效果最佳（表 5-2），R^2 分别达到 96.2%、96.9% 和 97.4%。变程可以反映生态风险指数的空间相关距离，2005～2013 年，鄱阳湖流域土地利用生态风险变程由 165 834m 持续增长至 174 603m，这是由于高生态风险区的地域集聚性十分显著且逐步扩张。块金值是由随机因素引发的空间变异程度，基台值则为变量的最大变异程度，因此，块金基台比值可反映随机因素引起的空间变异占系统总变异的比值。一般认为，当块金基台比值小于 25% 时，表明研究对象具有强烈的空间自相关性；当块金基台比值大于 25%、小于 75% 时，则说明空间变量之间具有中等的空间自相关性；当块金基台比值大于 75% 时，则表明空间变量之间的空间自相关性较弱，由随机因素引起的空间分异占主导。2005～2013 年，块金基台比值波动较小，总体为 25% 左右，表明土地利用生态风险具有高度的空间自相关性，结构性因素对生态风险指数空间分异具有显著的影响作用。

表 5-2　土地利用生态风险指数半变异函数拟合参数

年份	模型	块金值	基台值	块金值/基台值	变程
2005	球状模型	0.035 2	0.135 4	25.99%	165 834
2010	球状模型	0.034 8	0.142 6	24.40%	170 607
2013	球状模型	0.036 7	0.146 4	25.07%	174 603

根据半变异函数拟合最优模型及其参数，利用普通克里金（ordinary Kriging）方法进行生态风险插值，在相对指标方法下进行分级：低生态风险区（ERI<0.15）、较低生态风险区（0.15≤ERI<0.25）、中等生态风险区（0.25≤ERI<0.35）、较高生态风险区（0.35≤ERI<0.45）、高生态风险区（ERI≥0.45），计算得出各风险区的面积（表 5-3），并制成专题地图（图 5-3）进行深入分析。

表 5-3   土地利用生态风险等级面积及比例统计

生态风险等级	2005 年		2010 年		2013 年	
	面积（km²）	比例（%）	面积（km²）	比例（%）	面积（km²）	比例（%）
低生态风险区	4 540.40	2.72	3 605.41	2.16	2 905.83	1.74
较低生态风险区	106 555.06	63.88	101 736.04	61.00	100 262.56	60.11
中等生态风险区	40 557.90	24.32	43 450.13	26.05	44 135.66	26.46
较高生态风险区	9 903.72	5.94	11 141.39	6.68	12 678.06	7.60
高生态风险区	5 235.04	3.14	6 859.15	4.11	6 810.01	4.08

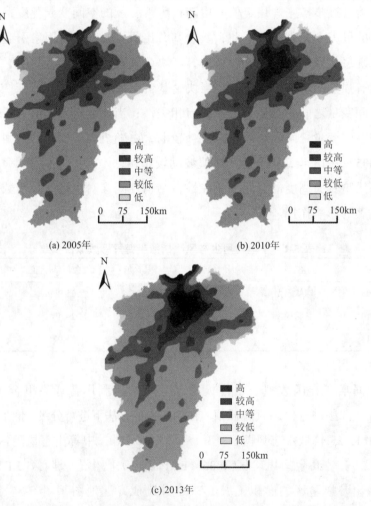

图 5-3   江西省土地利用生态风险等级空间分布

由图 5-3 可知，土地利用生态风险程度南北差异明显，呈现出明显的圈层扩展及轴向扩散特征。2005 年，高生态风险区主要分布在鄱阳湖区、南昌市南部、南昌县及九江市北部；较高生态风险区主要以散点状分布在赣北及赣中地区（鹰潭、抚州、吉安及新余等地级市），呈环状分布在高生态风险区周边；中等生态风险区以"十"字状分布在赣北、赣中地区，而在赣南地区基本呈散点状分布；较低生态风险区面积广阔；低生态风险区主要分布在省际边缘山区。2010 年，高生态风险区在鄱阳湖及其周边地区基本连成一片，在九江市沿江地区得到小幅度扩张；较高生态风险区在 2005 年的基础上也稍有扩张，在上饶市、赣州市等地区也呈散点状分布；中等生态风险区总体呈进一步扩张趋势，尤以赣中及赣西地区发展迅速，而在赣西北地区受退耕还林、生态发展等政策影响而出现缩小趋势；较低生态风险区和低生态风险区在空间分布上变化较小。2013 年，各类生态风险区的空间分布均变化较小，仅部分呈散点状分布的较高生态风险区稍有扩张，如赣州市、吉安市、高安市、上饶市。由表 4-2 可知，2005～2013 年，鄱阳湖流域高、较高生态风险区面积迅速增加，由 15 138.76km^2 增长到 19 488.07km^2，占土地总面积的比例由 9.08%增至 11.68%；其中高生态风险区增长 1574.97km^2，比例上升至 4.08%，较高生态风险区 2774.34km^2，比例上升为 7.60%。中等生态风险区面积增长显著，由 40 577.9km^2 增长至 44 135.66km^2，其面积比例由 24.32%上升至 26.46%。较低生态风险区面积减少最为明显，其面积缩小了 6292.5km^2，缩减幅度达到 3.77%。低生态风险区面积出现小幅度缩小，其面积比例缩小了 0.98%。

5.1.4 生态风险等级分布与地形关系

为厘清生态风险与区域地理环境的耦合关系，本节以地形为主要影响因子，以 2013 年生态风险指数计算结果为案例，考察不同高程/坡度上的生态风险分布情况。具体方法为：①参考相关文献（李潇然等，2015），将高程划分为 6 个高程带，即<150m，150～300m，300～500m，500～1000m，1000～1500m、>1500m；将坡度重分类为 6 个坡度带，即 0°，0°～3°，3°～8°，8°～

15°，15°～25°，>25°。②将 2013 年生态风险等级图与重分类后的高程/坡度
数据分别进行叠加运算计算出各生态风险等级在不同高程/坡度上的分布面
积比例（图 5-4），据此进行深入分析。如图 5-4 所示，低生态风险区和较低
生态风险区在各个高程带上均有分布，分别在 500～1000m、150～300m 高
程带分布面积比例最大；中等生态风险区则主要集中在两个高程带上，在
150～300m 和<150m 高程带上呈"二八分"格局；较高生态风险区和高生态
风险区高程分布更为集中，二者均主要分布在<150m 高程带上，所占比重分
别达到98%和99%。从生态风险区分布与坡度的关系来看，随着坡度带上升，
各等级生态风险区分布面积比例总体上呈现先增后减的变化态势。低生态风

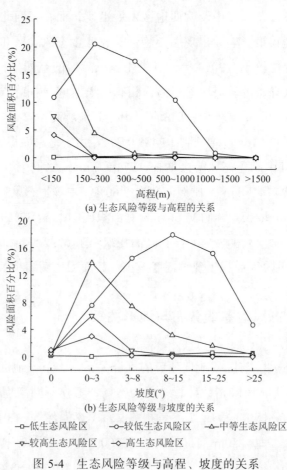

(a) 生态风险等级与高程的关系

(b) 生态风险等级与坡度的关系

□ 低生态风险区　○ 较低生态风险区　△ 中等生态风险区
▽ 较高生态风险区　◇ 高生态风险区

图 5-4　生态风险等级与高程、坡度的关系

险区在 15°~25°坡度带面积占比达到最大值；较低生态风险区则在 8°~15°
坡度带面积占比达到最大值；中等生态风险区、较高生态风险区、高生态风
险区均在 0°~3°坡度带面积占比达到最大值，并且在>25°坡度带面积占比降
为最小值。

综上所述，地形与生态风险等级分布存在显著相关性。低生态风险等级
区域分布范围较为广泛，在各高程带、坡度带均有分布；随着生态风险等级
提高，所对应的分布区域表现出明显的地形指向性，海拔较低、地势平坦的
鄱阳湖平原和河谷平原地带人口密集、城镇发达，是高生态风险区主要分布
地区。

5.1.5　本节小结

2005~2013 年，鄱阳湖流域生态风险指数总体上呈现小幅上升趋势，主
要是流域内经济社会的快速发展及城市化进程加速促使了区域土地利用结构
的深刻变化和土地开发强度的明显提升，其中建设用地面积大幅增长了
39.01%，其内部的城镇用地、农村居民点用地和工业及交通建设用地分别增
长了 51.2%、14.5%、40.2%，显示出江西省工业发展、城乡建设方面巨大的
土地需求，同时也应注意当前存在的工业用地闲置、"滥占耕地、一户多宅"
等土地浪费问题。而以耕地为主的农用地由于受到建设用地侵占及退耕还林
政策实施的影响，面积持续萎缩。这一趋势势必对流域土地生态系统健康造
成威胁，也将进一步制约江西省经济发展后备土地资源保障能力。

受自然条件和社会经济发展水平影响，流域内生态风险呈现"北热南冷"
空间分异及等级扩散特征。首先，以南昌等地级城市为中心，京九铁路和
浙赣铁路为纵横主轴，集聚了区内主要的城市及发展要素，高强度、高密
度的开发活动对生态环境的干扰极大，形成生态风险等级高值区，由高至
低向外梯度扩散；其次，省域边缘地带及赣南山地丘陵地带，海拔较高，
地形起伏度大，林地面积占比大，受人类活动干扰小，生态风险低于其他
地区；而环鄱阳湖区海拔及坡度低，城市与人口密集，土地开发强度大，

生态易损性大，成为高生态风险区域，从而构成"北热南冷"的空间分异格局；最后，鄱阳湖高水是湖，低水似河的特点，也深刻影响湖区土地利用结构和方式，再加之经常出现涝渍、干旱灾害，更加剧了环鄱阳湖区的生态风险。

鄱阳湖流域在当前开发建设中应注意：首先，提高土地集约节约利用水平，逐步转变低效、粗放的土地利用方式，控制建设用地供应总量，盘活已有建设用地，提高土地利用效率；其次，更加重视耕地保护，严格土地用途管制，在兼顾效率的同时，在产业布局、城镇建设时适当向交通条件优越、环境约束较小的丘陵山区倾斜，实现区域生态风险分散化的同时促进区域协调发展；最后，高风险等级集中分布在城市及其周边区域，城市生态风险增加，城乡生态风险两极分化。因此，江西省生态建设工作应当在保护乡村生态的同时强化城市生态安全管理。

本节基于土地利用变化视角对鄱阳湖流域生态风险进行评价，研究结果基本符合流域土地利用实际。生态风险评价作为地理过程和生态过程集成的科学问题受到学界的重点关注，研究内容逐渐丰富和完善，尺度多元、方法创新、视角融合特征明显。因此，如能结合系统生态学相关理论及方法，构建更具科学性和综合性的生态风险源替代指标，同时，将区域生态系统的水土保持、生物多样性等核心生态功能进行整合纳入生态风险评价体系，将有助于提高评价结果理论深度和应用价值。

5.2　江西省土地利用变化下生境质量演变

土地利用变化的生态效应，不仅表现为土地利用结构调整带来的土地利用生态风险的上升，更深刻影响了生境斑块间物质交换、能量循环过程，进而重塑区域生境分布格局与功能。因而，生境质量的高低与区域土地利用强度密切相关，随着邻近地区土地利用强度的增大，生境质量也相应衰退。深入分析土地利用变化下生境质量变化特征，有助于构建区域生态安全格局和土地资源可持续利用。

梳理国内外关于基于土地利用的生境质量研究，大致可归纳为两类评价范式，一类以中小城市、小流域、自然保护区等小尺度区域为研究对象，通过样带法或样方法进行植物、动物、水质调查和监测，获取与生态环境质量有关的各类指标，构建综合评价体系进行评估，这类方法存在明显不足，时间成本和人力成本较高，且长时间动态数据难以获取，动态评价和监测不易展开；另一类以县域、山区、流域等不同尺度区域为评价对象，借助 InVEST 模型、SoLVES 模型等生态评估模型开展定量评价，其中 InVEST 模型是目前运用广泛、相对成熟的生态功能评估模型（吴健生等，2015）。

鉴于此，本节以全境纳入全国生态文明建设先行示范区的江西省为研究案例区，借助 InVEST 模型生境质量评估模块，对研究区 2005 年和 2013 年的生境质量进行测算，探讨快速城市化进程中的江西省生境质量的时空演变格局。在此基础上，借助剖面线采样和聚类分析方法，对研究区域的生境质量时空差异进一步剖析，识别出江西省生境质量水平空间格局，为江西省强化生态保护、优化土地利用格局提供参考。

5.2.1　生境质量评价方法

由斯坦福大学开发的 InVEST 模型是一款用于生态系统服务功能的评估模型，包含众多子模块，功能丰富，可用于支持自然资源管理决策。本节主要运用的是生境质量评估模块，该方法核心思想是将生境质量与胁迫因子建立联系，即通过计算胁迫因子对生境的负面效应得到生境退化度，进而通过生境的适宜情况和退化程度计算生境质量。生境质量模型包括 4 个变量的函数：胁迫因子的影响距离、生境对各胁迫因子的敏感性、生境与胁迫因子源的距离及土地受法律保护程度。本节设定胁迫因子对生境的影响随距离的增大呈指数型衰减。鉴于江西省作为生态文明建设先行示范区的定位，且历来高度重视生态保护与国土安全，本节仅考虑前 3 个因素的影响。

InVEST 模型中的生境是指物种所占有的可为其提供资源和生存及繁育条件的空间，因而，本节选取耕地、林地、草地、水域为生境，将建设用地、未利用地设定为非生境，选取城镇用地、农村居民点、高速公路、主干道路、县乡道作为胁迫因子，并且将土地利用数据和胁迫因子进行栅格化处理，为模型运行提供数据准备。

　　胁迫因子影响范围及其权重、生境适宜度及生境对胁迫因子的敏感程度等模型运行所需参数的设置，主要参考模型推荐的参考值及相关研究成果（Tallis et al.，2013；陈妍等，2016），设置见表 5-4、表 5-5。

表 5-4　各地类生境适宜性及其对胁迫因子敏感性

土地利用类型	生境适宜性	城镇用地	农村居民点	主干道路	县乡道	高速公路
有林地	1	1	0.85	0.9	0.7	0.7
灌木林地	1	0.6	0.45	0.6	0.4	0.4
疏林地	1	1	0.9	0.95	0.75	0.75
其他林地	1	1	0.95	0.95	0.75	0.75
高覆盖草地	0.8	0.6	0.45	0.5	0.7	0.7
中覆盖草地	0.75	0.65	0.5	0.55	0.75	0.75
低覆盖草地	0.7	0.7	0.55	0.6	0.8	0.8
河渠	1	0.85	0.7	0.6	0.4	0.5
湖泊	1	0.9	0.75	0.65	0.45	0.55
水库/坑塘	1	0.9	0.75	0.65	0.45	0.55
滩地	0.6	0.95	0.8	0.7	0.5	0.6
城镇用地	0	\	\	\	\	\
农村居民点	0	\	\	\	\	\
工交建设用地	0	\	\	\	\	\
沼泽地	0	\	\	\	\	\
裸土地	0	\	\	\	\	\
裸岩	0	\	\	\	\	\
水田	0.6	0.5	0.35	0.8	0.6	0.7
旱地	0.4	0.5	0.35	0.8	0.6	0.7

　　注：各土地类型生境适宜性及其对胁迫因子的敏感性仅针对生境的地类设置。"\" 对应的土地类型，在本模型中为非生境，故没有相关参数设置

表 5-5　胁迫因子影响范围及其权重

胁迫因子	最大影响距离	权重
城镇用地	12	1
农村居民点	10	0.8
高速公路	8	0.5
主干道路	10	0.6
县乡道	5	0.4

计算生境质量首先需要计算生境退化程度，其具体计算公式为

$$D_{xj} = \sum_{r=1}^{R} \sum_{y=1}^{y_r} \left(\frac{w_r}{\sum_{r=1}^{R} w_r} \right) r_y i_{rxy} \beta_x S_{jr} \qquad (5\text{-}3)$$

式中，D_{xj} 为生境退化度；R 为胁迫因子个数；w_r 为胁迫因子 r 的权重；y_r 为胁迫因子层在地类层上的栅格数量；r_y 为地类层每个栅格上胁迫因子的个数；β_x 为法律保护程度；S_{jr} 为 j 类生境对胁迫因子 r 的敏感性。

在此基础上，进一步计算生境质量，计算公式为

$$Q_{xj} = H_j \left(1 - \left(\frac{D_{xj}^z}{D_{xj}^z + k^z} \right) \right) \qquad (5\text{-}4)$$

式中，Q_{xj} 为土地利用/土地覆被 j 中栅格 x 的生境质量；H_j 为土地利用/土地覆被 j 生境适宜性，取值范围为 0～1，0 表示非生境，值越大，生境适宜性越好；k 为半饱和常数；上标 z 为比例因子（常数），模型默认取值为 2.5。

5.2.2　江西省生境质量总体格局

运行 InVEST 模型，调用其中的生境质量模块，加载相关参数文件，执行运行命令，得到江西省 2005 年和 2013 年的生境质量空间分布格局（图 5-5）。

2005 年生境质量总体上呈现北低南高的空间格局。赣东、赣西、赣南等生境边缘山区，人类开发活动强度小，多为生境质量高值区，生境质量得分均在 0.9～1。赣抚平原、吉泰盆地等交通沿线及河谷平原地区，城镇及农村居民点分布较为密集，对生境的干扰较大，此类区域的生境质量得分则主要分布在 0.3～0.7。各地级市及部分经济强县（县级市）作为全省经济发展的重要增长极，人口集聚能力强，土地开发需求旺盛，因而，这些区域成为研究区生境质量最低的区域，生境质量得分在 0.3 以下，呈零星状分布于研究区。此外，环鄱阳湖区也存在连片的低生境质量斑块，这主要是因为滨湖区的沼泽地在数据处理中被划为未利用地，本节将未利用地与建设用地一并作为威胁源处理，因而该区域生境质量为低值。

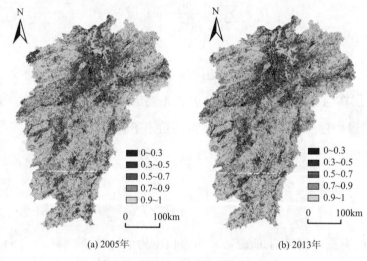

(a) 2005年　　　　　　　　　　(b) 2013年

图 5-5　江西省生境质量空间分布

相比于 2005 年，2013 年江西省生境质量总体空间格局未有较大变化，总体上仍然呈现北低南高的分布特征。两个时期的空间差异主要体现在生境质量低值区（0～0.3）的变化上，2013 年，表征低生境质量的白色斑块明显扩大，表明城市扩张加剧不仅导致了自身生境质量的降低，也进一步压缩周边区域的生境空间。另外，由于滨湖区未利用地的进一步开发利用，该区域低生境质量的白色斑块逐渐减少，生境质量明显提升。

5.2.3　主要流域断面生境质量监测

江西省作为相对封闭和完整的自然地理单元，东、西、南三面环山，并且发育了众多河流，其中赣江、抚河、信江、饶河、修水组成了鄱阳湖流域五大支流，五大支流及流域内的河谷平原区位优势良好，开发基础优越，一直以来都是江西省人口和城镇的密集地带。为了进一步考察江西省土地利用变化下区域生境质量的空间分异特征，本节拟沿上述鄱阳湖流域五大支流布设剖面线，剖面线上的样点序号由小到大对应河流的上中下段，以此来对各子流域的生境质量状况及其空间演变特征进行监测。利用 SRTM 90m DEM 数据提取得到江西省主要河流水系图，五大支流剖面线布设位置如图 5-6 所示。

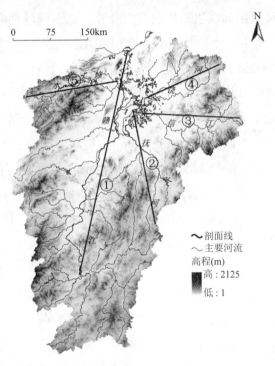

图 5-6　生境质量监测剖面线布设

（1）赣江流域剖面线生境质量时空分异。赣江流域剖面线生境质量具有较明显的分段特征。上段地区（样点 0～125）主要穿过赣江上游地区，该区域是我国南方重要生态屏障区，生境质量总体较优，其中开端处位于赣州市区，为城镇建设密集区，生境质量相对较低。中段地区（125～300）相对于上段地区，两时期生境质量相对较低，部分样点生境质量在 0.8 以下，该部分样点主要穿过的是吉泰走廊地区，是赣中地区城镇和人口分布相对密集的地区，因此生境质量相对上段地区有所下降。下段地区（300～550）生境质量为整条样线最差，相比于 2005 年，2013 年生境质量表现出较大幅度的下降，且生境质量变化剧烈，并出现了部分生境质量极低的样点。该段样线纵穿赣抚平原，走向大致平行于京九城镇带北段，该区域是江西省城市化水平和工业化水平最高的区域，国土开发强度较大，人地矛盾突出，因而在高强度的人类活动干扰下生境质量下降且波动剧烈（图 5-7）。

（2）抚河流域剖面线生境质量时空分异。抚河流域剖面线生境质量也呈现出明显的分段特征。上段地区（0～70）生境质量总体不高并具有波动起伏变化特征，该部分区域主要位于抚河上游地区，城镇化的发展及道路基础设施建设，对生境质量具有一定的扰动作用。中段地区（70～140）两个时期生境质量起伏变化不大，生境质量水平整体较高，说明该部分样点所在区域生态保护质量较高。下段地区（140～250）生境质量相对较差，部分地区 2013年生境质量较 2005 年呈较大幅度的退化，两期生境质量有较大波动。该段样带包含抚州市、东乡县、南昌县，建设用地密度的提升使得生境质量受到较大影响，2013 年建设用地的增加导致了生境质量的退化（图 5-7）。

（3）信江流域剖面线生境质量时空分异。信江流域剖面线生境质量也具有一定的分段特征。上段地区（0～90）生境质量较差，且波动起伏剧烈，主要是这部分地区为信江河谷地带，建设用地的存在，以及建设用地和耕地等生态用地交错镶嵌的空间格局，使得高生境质量样点和低生境质量样点交错分布。由于退耕还林及农村居民点整理等政策的实施，2013 年该段区域生境质量得到明显改善。中段地区（90～145）生境质量整体上优于上段和下段地区，且研究期内各样点生境质量保持稳定。下段地区（145～250）生境质量变化特征和上段地区较为相似，波动起伏较为剧烈，部分样点的生境质量有所好转，同时也存在部分生境质量退化样点（图 5-7）。

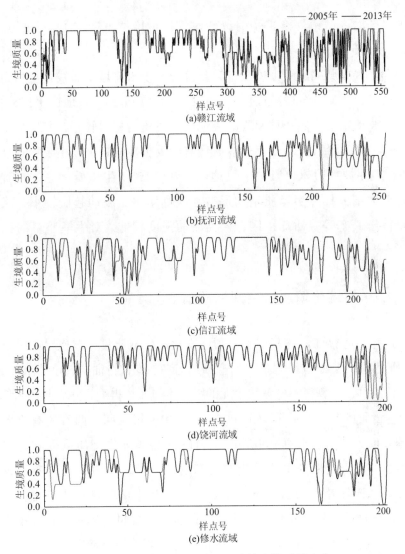

图 5-7　基于样线监测的五河流域生境质量变化

（4）饶河流域剖面线生境质量时空分异。饶河流域剖面线生境质量空间
分异未表现出明显的分段特征。整条样带生境质量大部分在 0.6～1，具有
明显的波动起伏特征，这主要与该样带穿过区域的城乡居民点分布较为密
集有关。整体来看，2013 年该样带生境质量较 2005 年有所改善，主要得
益于退耕还林、农村居民点整理等政策实施，促使部分建设用地转化为生

态用地。同时，城镇规模扩张引致的建设用地增加也造成了部分样点生境质量退化（图 5-7）。

（5）修水流域剖面线生境质量时空分异。修水流域剖面线生境质量空间分异也具有较明显的分段特征。上段地区（0～70）和下段地区（155～210）生境质量波动较为剧烈，且两段沿线地区生境质量相对较差，其中大部分样点 2013 年生境质量比 2005 年生境质量有所改善。样带上段主要穿过修水等县，下段则主要穿过永修县。中段地区（70～155）生境质量总体较优，且两个时期大部分样点生境质量均保持在较高水平，波动起伏较小，该段区域主要位于武宁等赣西北山区，人类活动强度较低，对生境质量的扰动较小（图 5-7）。

5.2.4　县域生境质量空间格局演变

为进一步考察江西省基于土地利用变化的生境质量分布格局和时空差异特征，研究基于县域尺度，考察其时空格局与动态变化特征。首先，借助 ArcGIS 区域统计工具，计算得到各县域单元的平均生境质量得分，并以此作为该县域单元的生境质量得分，便可得到 2005 年和 2013 年两期江西省所有县域的生境质量分值；其次，求算 2005 年和 2013 年各单元生境质量得分之差，用于考察各县域研究期内生境质量的动态变化特征，其值为正，表示该单元生境质量总体好转；其值为负，则表示该单元生境质量总体退化。

基于县域的生境质量评价结果与江西省生境质量总体格局具有较高的一致性，呈现出南高北低的空间分布格局。2005 年，低生境质量单元具有明显的空间集聚特征，主要分布在南昌市及其周边县域，表明这些县域的生境质量相对较差，如图 5-8（a）所示。高生境质量单元主要包括位于省域边缘地区的山区县域，此类区域林地等生态空间面积大、比重高，在功能定位上主要是生态涵养区。而中等生境质量单元主要分布在中心城市外围边缘区域，这些县域在空间上远离中心城市，受到中心城市的辐射带动效应较弱，或者偏离全省主要交通轴线，自身经济发展能力受限，因而国土开发强度相对较小。2013 年，围绕南昌市的低生境质量区呈现出进一步向外扩展的趋势，集聚区域明显扩大，并且随着九江市及其周边县域生境质量退化，围绕南昌市和九江市的生境质量退化单元呈连片分布的格局，如图5-8（b）所示。另外，赣南的赣州市近年来得益于"原中央苏区振兴发展"政策，城市建设和工业发展进入快车道，建设用地增长较快，生境质量也呈现退化趋势。

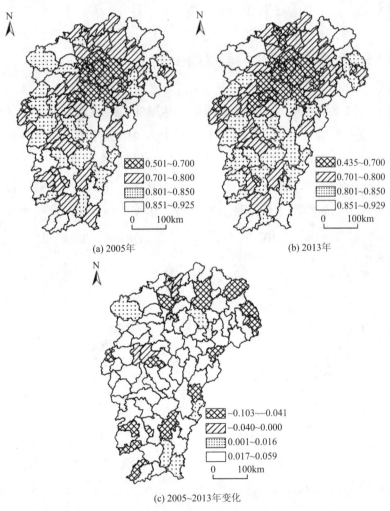

图 5-8　江西省县域平均生境质量空间格局及动态变化

依据 2005 年和 2013 年各县域两期生境质量相减结果，采用自然断裂点方法将江西省各县域生境质量划分为快速退化区（-0.103～0.041）、缓慢退化区（-0.040～0.000）、小幅改善区（0.001～0.016）、大幅改善区（0.017～0.059）。由图 5-8（c）可知，生境质量退化区占据主导地位，且以缓慢退化区为主，快速退化区主要是部分地级市及周边县级市和县，如九江市、南昌市、赣州市等。生境质量改善区主要是山区县域和环鄱阳湖区县域，其中大幅改善区包括修水县、余干县、石城县、安远县、寻乌县等。

5.2.5　生态风险与生境质量的相关性

为了探讨土地利用变化下生态风险与生境质量的内在关联，在求取县域生态风险和生境质量平均值的基础上，对生态风险和生境质量进行相关性分析。结果显示（图 5-9），生态风险与生境质量的拟合关系式为：2005 年，$y=-1.101x+1.0645$，$R^2=0.78$；2013 年，$y=-1.14x+1.075$，$R^2=0.83$，拟合结果较优。可见生态风险与生境质量呈现显著负相关关系，即区域土地开发强度越大，土地利用结构非农化程度越高，土地生态系统受到的胁迫作用越强烈，生境质量退化越严重。

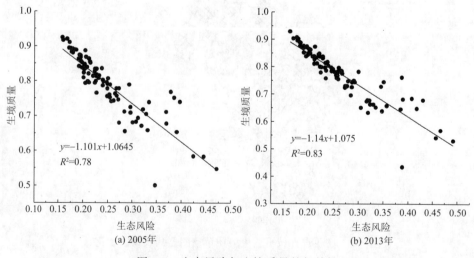

图 5-9　生态风险与生境质量的相关性

总体上看，据生态风险与生境质量对江西省土地利用生态环境效应评估基本符合区域国土开发实际，且两种方法的评价结果能够相互验证。

5.3　江西省县域生态系统服务价值演变

生态系统服务是指生态系统形成和所维持的人类赖以生存和发展的环境条件与效用，人类能够通过生态系统的功能直接或间接得到的产品和服务（丁偌楠和王玉梅，2017；彭文甫等，2014；Daily，1997；赵志刚等，2017），其主要功能是供给功能、调节功能和文化功能，以及对维持生态系统的其他功能（冉圣宏等，2006），也就是向经济社会系统输入有用物质和能量，接受和转化来自经济社会系统的废弃物等。生态系统服务价值评估，现已成为生态经济学和环境经济学的研究重点，是建立绿色国民经济核算体系的基础工作，并且有助于人类福祉及经济可持续发展。江西省作为全国首批全境入选国家生态文明先行示范区的省份，长期坚持绿色发展理念，科学评估其县域生态系统服务价值及其动态变化，可为中国其他地区优化资源配置、协调经济与生态平衡发展提供借鉴。

Costanza 等的开创性研究建构了生态系统服务价值评价的理论和方法体系，并成为迄今为止生态系统服务价值评估运用最为广泛的方法。Abramovitz（1998）指出，生态系统服务具有广泛的经济价值，但没有记录它们所提供的非市场价值，直到它们被耗尽。而 Kreuter（2001）进行了生态系统服务的时间序列研究，量化评价了圣安东尼奥地区城市扩张引致的土地利用变化，对生态系统服务价值的影响。与国外的研究相比，中国生态系统服务功能或生态资产的研究要相对晚些，谢高地等（2003）结合中国实际对Costanza 的评估方法进行修正，制定了中国陆地生态系统单位面积生态系统服务价值表，为我国区域生态系统服务价值评价提供了参考范例并得到普遍应用。任平等（2016）基于成都崇州市耕地实地采样数据和修正的 IBIS（integrated biosphere simulator）模型测算数据，对耕地生产有机质、调节大气、涵养水源、土壤保持和净化环境五种自然生态系统服务价值进行测算。陈青锋等（2016）构建了生态系统服务价值的动态测算模型，引入动态度与相对变化率指数，对怀来县内近 20 年各地类的生态系统服务价值的变化进行时空分异特征分析。刘金勇等（2013）用转移矩阵方法和生态系统服务价值计算公式，并结合敏感度分析，探讨了济南市 1989～2009 年土地利用变化和生态系统服务价值的变化特征。曹先磊等（2017）从现代消费选择理论出发，建立居民接受城市生态系统休闲娱乐服务支付意愿模型，并运用条件价值法（contingent valuation method，CVM）对其休闲娱乐服务价值进行了测算，发现城市生态系统具有较大的潜在休闲娱乐服务价值，居民的收入受教育程度对支付数量有影响。

　　总体来讲，目前区域的生态系统服务价值已受到较多研究者的关注，不仅提出了各种测算数据模型和计算方法，而且取得了一定的学术成果，但是大规模计算地区的生态系统服务价值的研究比较欠缺，没有明显地突出区域内部的差异性。本节在参考生态系统服务研究的基础上，确定了适合江西省各县域的生态系统服务评估指标体系和空间分布差异方法，评估结果为提高江西省生态与经济协调发展提供重要参考。

5.3.1　数据来源与处理

　　本节采用的主要数据是江西省 SRTM 地形数据和 2005 年、2010 年、2013 年三年同时期的 Landsat TM/ETM+遥感影像。将地形图和遥感影像进行相应的校正处理，统一所有空间投影为双标准纬线等积圆锥投影。依据 2007 年国土资源部颁布的《土地利用现状分类标准》（GB/T 21010-2007），结合研究区当地土地利用方式、特点和覆被等特征，将研究区用地类型划分为林地、耕地、草地、水域、建设用地、未利用地六类用地类型。借助 ERDAS 软件，对遥感数据进行监督分类，得到江西省土地利用数据，总体解译精度达到88%以上。从国家基础地理信息系统数据中提出江西省所有县域、城区的行政边界图，将其作为参照对全省土地利用数据进行划分，最后得到江西省所有县域的土地利用数据。从历年《江西统计年鉴》中查找到 1993～2013 年全省的粮食单产数据，以及 2005 年、2010 年和 2013 年全省粮食平均价格数据，作为计算生态系统服务价值的重要参数。

5.3.2　生态系统服务价值测算方法

根据谢高地等修正 Costanza 方法提出的中国陆地生态系统单位面积生态系统服务价值当量表（表 5-6），同时基于生态系统服务价值当量因子等于当年单位面积粮食价值的 1/7 的原则，结合研究区实际情况对其进行修订。为了保证数据的完整性，本研究以森林-林地、草地-草地、农田-耕地、水体-水体、荒地-未利用地的形式将不同土地利用类型与相应的生态系统类型对应起来（吴松等，2015），从而得到江西省土地利用类型价值系数。从而可计算得到研究区生态系统服务价值量，计算公式为

$$ESV=\sum A_k \times VC_k \tag{5-5}$$

式中，ESV 为该研究区域生态系统服务价值总量，A_k 为第 k 类土地利用类型的面积；VC_k 为第 k 类土地利用类型对应的生态系统服务价值系数。生态系统服务价值当量因子是生态系统潜在服务价值的相对贡献率。

表 5-6　中国陆地生态系统单位面积生态系统服务价值当量

生态系统服务与功能	森林	草地	农田	湿地	水体	荒地
气体调节	3.5	0.8	0.5	1.8	0	0
气候调节	2.7	0.9	0.89	17.1	0.46	0
水源涵养	3.2	0.8	0.6	15.5	20.38	0.03
土壤形成与保护	3.9	1.95	1.46	1.71	0.01	0.02
废物处理	1.31	1.31	1.64	18.18	18.18	0.01
生物多样性保护	3.26	1.09	0.71	2.5	2.49	0.34
食物生产	0.1	0.3	1	0.3	0.1	0.01
原材料	2.6	0.05	0.1	0.07	0.01	0
娱乐文化	1.28	0.04	0.01	5.55	4.34	0.01

5.3.3 不同生态系统生态服务价值演变

根据不同土地利用类型的面积和生态系统服务价值系数，利用式（5-5）计算得到 2005～2013 年全省的生态系统服务价值及其变化情况。2005 年、2010 年、2013 年全省生态系统服务价值总量分别为 3935.94 亿元、5855.94 亿元、7215.37 亿元，呈现持续增长的趋势。2005～2010 年全省生态系统服务价值总量增长了 1920.00 亿元，2010～2013 年全省生态系统服务价值总量增长了 1359.43 亿元。2005～2013 年全省生态系统服务价值总量增长了 3279.43 亿元。2005～2010 年水域生态系统服务价值贡献率增长最快，增加了 338.98 亿元，贡献率也从 14.42%增加到 15.48%。然而尽管林地、草地、耕地面积略有减少，但其生态系统服务价值系数较低，不足以影响整体增长的趋势。2010～2013 年，生态用地中除了林地略微增加外，其余全部都有不同程度的减少，但是全省的粮食平均价格的增长，引起价值系数增高，从而出现整体增长的情况（表 5-7）。

表 5-7 不同用地类型生态系统服务价值变化

土地利用类型	ESV（亿元）			贡献率（%）		
	2005 年	2010 年	2013 年	2005 年	2010 年	2013 年
林地	2853.79	4210.97	5242.02	72.51	71.91	72.65
草地	28.88	37.33	41.32	0.73	0.64	0.57
耕地	484.92	700.05	842.96	12.32	11.95	11.68
水域	567.49	906.47	1087.77	14.42	15.48	15.08
建设用地	0	0	0	0	0	0
未利用地	0.85	1.13	1.31	0.02	0.02	0.02
总计	3935.94	5855.94	7215.37	100	100	100

从表 5-7 可以看出，林地生态系统服务价值最高，贡献率在 72%左右，2005～2010 年增加了 1357.18 亿元，2010～2013 年增加了 1031.05 亿元，同时水域也逐渐增长，其贡献率在 15%左右；尽管未利用地和草地都有所减少，

但是研究区域内两者面积较小，贡献率都低于 1%，所以其对整体增长几乎没有影响。2010~2013 年，耕地、草地和未利用地都呈逐渐减少的趋势。

5.3.4　生态系统服务价值时空差异

1. 县域生态系统服务价值变化

从空间分布角度看，赣北地区县域的生态系统服务价值普遍高于赣南地区，因为鄱阳湖位于赣北，水域面积大，水域的生态系统服务价值系数较高，其微小的变化即可影响附近地区的土地利用的改变，故生态系统服务价值相对较高；而赣南地区多山不易开发，使土地利用类型变化成本较大，尽管林地覆盖率高，但其生态系统服务价值的系数相对较低，没有形成优势。赣北各县域之间生态系统服务价值空间差异较大，分布较为疏散；而赣南地区相反，县域之间的生态系统服务价值差异较小，分布集中，如赣县、于都、会昌、兴国等相邻地区最大差值仅 12 亿元左右。另外，从 2005~2013 年县域生态系统服务价值的变化来看，主要变化出现在赣北地区，因为江西省三面环山、北面鄱阳湖，鄱阳湖水域的变化足以牵动全省的变化，赣南多山，如果没有相应的政策变化，基本上很难发生较大变化。

从县域层面看（图 5-10），修水、鄱阳、宁都、武宁等县的生态系统服务价值在全省所有县域中是最高的，其境内林地覆盖率高、水域面积广、行政区总面积大是主要因素，2005~2013 年这些县域的生态系统服务价值一直居全省前列；排名中紧跟其后的分别是婺源、遂川、赣县、兴国、浮梁等县，尽管这些地区的生态系统服务价值都将近 100 亿元，但由于县域面积相对小、生态空间小，生态系统服务价值不如前者；相反地，鹰潭市、上饶市、赣州市、南昌市等地区生态系统服务价值最低，主要是因为这些地区都是经济发达、人口集中、建设用地为主的地区，但生态贡献率高的林地、水域面积较少，生态空间受到了极大的压迫，所以生态系统服务价值相对低。

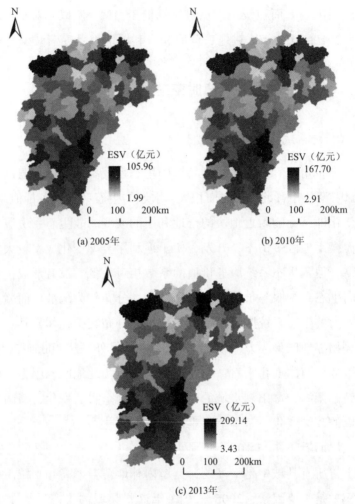

图 5-10 江西省县域生态系统服务价值分布

2. 县域生态系统服务价值变化分级

生态系统服务价值的相对变化率是指生态系统服务价值变化与土地利用
面积变化之间的比率，其常被用于反映区域差异性，公式如下：

$$R = \frac{R_L}{R_C} = \frac{(L_b - L_a)/L_a}{(C_b - C_a)/C_a} \tag{5-6}$$

式中，R 为相对变化率；R_L，R_C 分别为区域、总体变化率；L_a，L_b 分别为局部初始与末期 ESV；C_a，C_b 分别为全局初始与末期 ESV。R 的绝对值若大于 1，则表示该县域生态系统服务价值的变化幅度高于全省；R 的绝对值小于 1，则表示该县域生态系统服务价值的变化幅度低于全省。R 大于 0，则表示该县域与全省的生态系统服务价值变化趋势一致；R 小于 0，则表示该县域与全省的生态系统服务价值变化趋势相反。

按照联合国规定的分类方法，将各年的生态系统服务价值求平均，然后根据平均数的 50%、100%、150%划分为四个等级，即低于平均数的 50%为第一等级，介于平均数的 50%到 100%为第二等级，介于平均数的 100%到 150%为第三等级，高于平均数的 150%为第四等级（表 5-8）。等级越高说明该地区越高于全省的平均水平，从一些县域的等级跨越可以很直观地看出其生态系统服务价值的动态变化。

表 5-8　江西省生态系统服务价值等级划分

年份	平均数	50%	100%	150%
2005	43.25	21.63	43.25	64.88
2010	64.35	32.18	64.35	96.53
2013	79.26	39.63	79.26	118.89

注：受四舍五入的影响，表中数据稍有偏差

2005～2013 年，所有县域都与全省的变化一致，呈增长趋势。前期余干、鄱阳两县远远高于全省的变化，R 分别等于 332.34、273.44，远远高于全省平均的 185.62，增长率分别达到 85.7%、70.51%；后期全省平均增长为 96.25，其中增长最慢的是余干、南昌、鄱阳等县，R 分别等于 57.71、65.00、70.54，增长最快的两县是寻乌、安远，增长率分别为 39.71%、39.70%。

鉴于上述差异性，可以根据江西省生态系统服务价值等级划分表（表 5-8），并且进行相应计算可以得到分级结果。结果显示全省出现等级跨越的地区偏少。2005～2010 年共有 5 个地区出现了跨等级的情况，分别是星子县、九江市、南城县、余干县、安福县，其中除了余干县从第三等级上升到第四等级外，其余 4 个地区都分别下降了一个等级，但是余干县却增加了 45.89 亿元；2010～2013

年只有 3 个地区出现了跨等级现象，分别是黎川县、余干县、安福县，其中黎川县、余干县均下降了一个等级，安福县上升到了第四等级（图 5-11）。

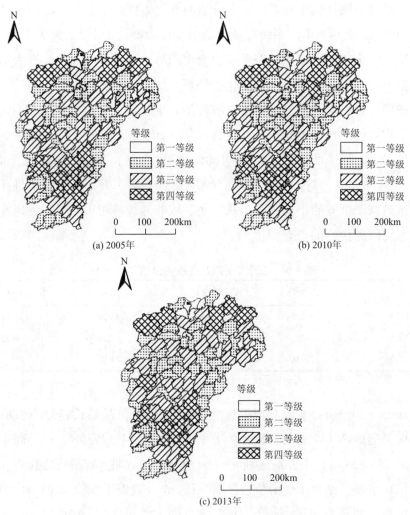

图 5-11 江西省县域生态系统服务价值等级分布

3. 生态系统服务价值热点区探测

为了更深入地研究生态系统服务价值的空间分异特征，在江西省各土地利用类型面积基础上依据等间距系统采样方式将研究区划分为 1831 个

10km×10km 的网格。基于网格采样法，计算每个网格样区的生态系统服务价值量，然后将网格要素转为点要素，以每个网格的中心样点的价值量代替该网格的价值量，再对所有样点的生态系统服务价值进行克里金插值分析，得到研究区域的生态系统服务价值空间分布的结果（图 5-12）。

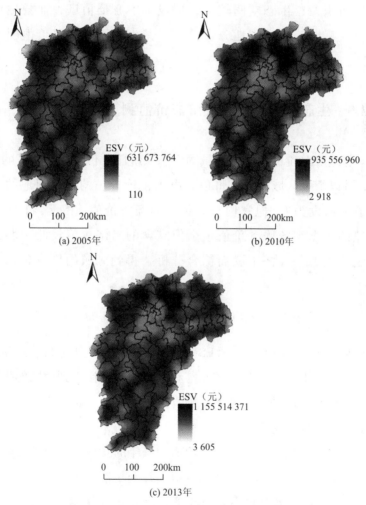

图 5-12　江西省生态系统服务价值空间分布

根据生态系统服务价值空间分布图（图 5-12），可以看到 2005～2013 年鄱阳湖区域的生态系统服务价值要远远高于其他地区，其水域的高生态贡献率使得靠近鄱阳湖的县域整体具有较高的生态系统服务价值和生态价值密度，如鄱阳、都昌、星子、永修等。修水流域的武宁、修水，因其境内水域充足，林地覆盖度高，所以生态系统服务价值一直居高不下。大多数县域呈现出"中间低，四周高"的特征，县域中心区人类活动频繁，建设用地面积大，生态空间较小，形成了中心低值区；而县域周围交界处，林地、草地等生态用地分布较广，其生态系统服务价值明显高于中心低值区。

5.3.5 生态系统生态与经济总价值测算

生态与经济总价值指某一区域的生态系统服务价值与该地区的生产总值的总和，可以衡量区域内的总价值。由于土地分类的建设用地的生态系统服务价值为假设为 0，但它们却有很高的经济价值，相反，土地分类为水域和湿地的生态系统服务价值很高但富含的经济价值较低，那么就需要一个方法将生态与经济串联而综合分析，得到区域的价值总和，其计算公式为

$$T = \text{ESV} + E \tag{5-7}$$

式中，T 为生态与经济总价值；ESV 为区域生态系统服务价值总量；E 为地区生产总值，以上单位通常为亿元。利用此公式直接得到地区的生态与经济总价值，将所有地区叠加即可求得全省的总价值。T 越大说明区域生态与经济总价值越高，反之越低。

根据江西省县域生态系统服务价值和当年的县域生产总值，运用式（5-8）可以得到江西省县域生态与经济总价值及其变化情况（图 5-13）。2005 年、2010 年、2013 年江西省县域生态与经济总价值分别为 7875.71 亿元、15 258.81 亿元、20 633.72 亿元，呈现逐渐增长的趋势。2005～2010 年增加了 7400.10 亿元，将近翻了一倍；2010～2013 年增加了 5374.91 亿元，增幅达到了 35.22%；2005～2013 年，共增加了 12 758.01 亿元。

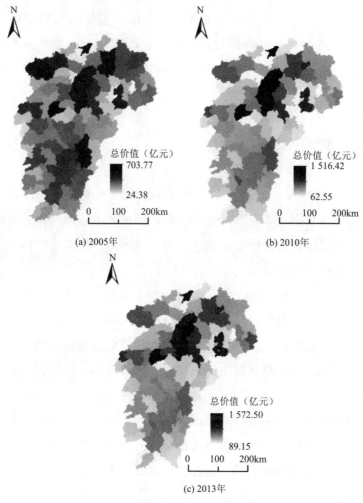

图 5-13 江西省县域生态与经济总价值分布

从县域层面上看,南昌市生态与经济总价值最高,2005 年、2010 年、2013 年分别为 703.77 亿元、151.42 亿元、1572.50 亿元,占全省的 7%～10%,其次为九江市、新余市、南昌县、丰城市、萍乡市等地区排行前列,这些地区尽管生态系统服务价值不高,但都是经济发展集中的都市区,生产总值占据主要优势,极大地提升了区域的总体价值水平。资溪县、德安县、星子县、横峰县、莲花县等地区在全省排名相对靠后,这些地区由于行政区面积较小，建设用地比重大，人类活动密集，故生态系统服务价值较低，同时地区生产总值不高，导致总价值较低。江西省所有县域的总价值都是呈增长趋势，增幅各有不同，其中新余市、丰城市、樟树市、高安市等地区增长最为显著。

5.3.6　本节小结

本节利用 2005 年、2010 年、2013 年同时期的江西省县域土地利用数据及地区生产总值数据，采用谢高地等修正 Costanza 方法等一系列方法对研究区域的生态系统服务价值时空变化、生态价值密度、生态与经济总价值进行计算和综合分析。结果显示：

2005 年、2010 年、2013 年全省的生态系统服务价值分别为 3935.94 亿元、5855.94 亿元、7215.37 亿元，呈现持续增长的趋势。这些年江西省所倡导的退耕还林、退田还湖、绿色发展理念，使得部分地区水域面积增大，生态用地有所增加，从而整体的生态系统服务价值升高；另外，全省平均价格的升高也是一个非常重要的因素。从全省的生态系统服务价值的空间分布来看，鄱阳湖区域的生态系统服务价值远远高于其他区域，而且大部分地域呈现"中间低，四周高"的空间分布特征；赣北地区要高于赣南地区，而且赣北的变化对全省整体的影响最大。在县域的层面上，修水县、鄱阳县、宁都县、武宁县等几个地区生态系统服务价值最高，而鹰潭市、上饶市、赣州市、南昌市等地区生态系统服务价值均低于其他地区。

江西省的生态与经济总价值逐渐升高，从 2005 年到 2013 年其总价值翻了一番。其中南昌市生态与经济总价值最高，2013 年达到 1572.50 亿元，占全省的 7%～10%。生态和经济总价值相对较高的地区都为经济发展集中的都市区，其生产总值占据主要优势，极大地提升了区域的总体价值水平。

本节通过对江西省各县域生态系统服务价值、生态与经济总价值及其区域差异性、空间分布格局分别进行了定量计算，并详细地分析了江西省县域的价值的变化和分布情况。受研究者经验和知识水平等主观因素的限制，没有考虑区域带来的生态系统服务价值系数的差异性,忽视了城市建设用地提供的生态系统服务价值,对分析各地区生态系统服务价值变化的因素也不够完美,但是在一定程度上,本研究结果具有一定的代表性,可作为近年来江西省生态与经济协调发展的重要参考。

5.4　赣州都市区土地利用变化及其生态服务价值响应

土地利用变化作为全球环境变化中最显著的表现形式,深刻影响着气候变化、生物多样性、生物地球化学循环及资源可持续利用等地表物质循环和生态过程(Brovkin et al.,2013;Tuck et al.,2014;Kaplan et al.,2012;Baker and Miller,2013),因此被认为是对生态系统影响最为重要的变化(臧淑英等,2005)。土地利用变化可以引起生态系统功能和结构的变化,从而对生态系统维持及其服务功能起决定性作用。随着人类生活质量的提高和自然环境的衰退,生态系统服务功能引起普遍关注和重视,生态服务价值评估也成为当前学界的热点研究领域之一。Costanza 等(1998)的开创性研究建构了生态服务价值评价的理论和方法体系,并成为迄今为止生态服务价值评估运用最为广泛的方法。国内谢高地等(2003)结合中国实际对 Costanza 的评估方法进行修正,制定了中国陆地生态系统单位面积生态服务价值表,为我国区域生态服务价值评价提供了重要依据。鉴于土地利用变化数据的高效率、信息丰富、便于获取等优势,目前基于土地利用变化的生态服务价值评价手段得到多数学者的认同,并被运用于不同尺度区域、不同土地利用类型的生态服务价值评价。例如,刘桂林等(2014)结合网格分析方法,研究了长江三角洲地区生态服务价值区域差异及各单项生态服务功能的时空变化特征;邸向红等(2013)测算了山东省 1km 尺度上的生态服务价值,并对其空间格局和动态特征进行区划;李钊等(2015)结合喀什土地利用实际情况,对生态服务当量因子进行修正,针对规划期土地利用变化情况,对生态系统服务价值进行预测；孙璐等（2014）引入社会发展阶段系数修正生态服务价值系数，结合元胞自动机（cellular automata，CA）模型对黄河源区生态服务功能价值进行评价和预测。总体来看，快速城市化区域和环境脆弱敏感区域受到较多研究者的关注。

　　赣州属于典型的欠发达地区，作为罗霄山片区区域发展与扶贫攻坚规划的中心城市，承担着带动赣南等原中央苏区脱贫致富的艰巨发展任务；同时也是我国南方生态屏障建设的重要组成部分，生态区位重要。迫切的经济和城市化发展需求和战略性生态区位使本区的土地利用变化具有一定的典型性和代表性。因此，研究赣州市土地利用变化特征及其生态服务价值响应具有重要意义。而目前尚缺乏针对赣州市土地利用变化及其生态服务价值响应的研究，为此，本节利用 1990 年、2000 年、2010 年和 2013 年四期遥感影像解译获取的土地利用数据，借助 ArcGIS 空间分析系统，综合运用土地利用转移矩阵、标准差椭圆、土地利用程度等指标和模型，从土地利用变化速度、空间格局、土地利用程度等方面，深入分析赣州土地利用变化基本特征和演变规律，并核算土地利用变化下生态系统服务价值及其时空变化特征，从而为区域制定土地利用和生态保护政策提供科学参考。

5.4.1　研究区概况

　　赣州市（24°29′N～27°09′N，113°54′E～116°38′E）位于江西省南部，地处赣江上游，邻近海西经济区、珠江三角洲等重要经济板块，区位优势明显。随着罗霄山片区区域发展与扶贫攻坚和赣南等原中央苏区振兴发展两大区域规划上升到国家层面，赣州区域经济和城市发展步入快车道，2014 年全年实现生产总值 1843.59 亿元，同比增长 10.0%，城市化率达到 43.99%（江西省统计局，2015）。2014 年 2 月《赣州都市区总体规划（2012—2030 年）》正式获批，规划包含赣州都市区、赣州都市核心区和赣州中心城市三个层次内容。其中，赣州都市区范围为：章贡区、赣县、南康市、上犹县、兴国县、于都县、信丰县、崇义县、大余县及赣州开发区。赣州都市核心区范围为：章贡区、赣县、南康市、上犹县和赣州开发区，以及陡水湖水库区域的崇义县部分乡镇。赣州中心城市范围为：章贡区、赣州开发区全域，以及赣县、南康市、上犹县等城区及周边乡镇。本节选取第二层次赣州都市核心区为研究区域，包括章贡区、赣县、南康市、上犹县四个地区，这一区域是规划期重点发展的区域，也是土地利用变化和人地关系冲突最剧烈的区域。

5.4.2　数据来源与处理

本节研究主要用到的基础数据包括覆盖研究区的 1：5 万地形图，以及 1990 年、2000 年、2010 年和 2013 年四期的 Landsat TM/ETM+遥感影像。将 1：25 万赣州市地形图进行扫描输入计算机并利用 Google Earth 进行几何校正，以校正后的地形图为参照对遥感影像进行配准，统一所有空间数据地理坐标系为 Albers 正轴等面积割圆锥投影。依据 2007 年国土资源部颁布的《土地利用现状分类标准》（GB/T 21010-2007），结合研究区当地土地利用方式、经营特点和覆被特征，将研究区用地类型划分为耕地、园地、林地、草地、建设用地、水域、未利用地七类。借助遥感图像处理软件 Arcinfo Workstation，采用人机交互式解译方法，提取得到四期土地利用数据，总体解译精度达到 88%以上，以此建立研究区土地利用数据库（图 5-14）。

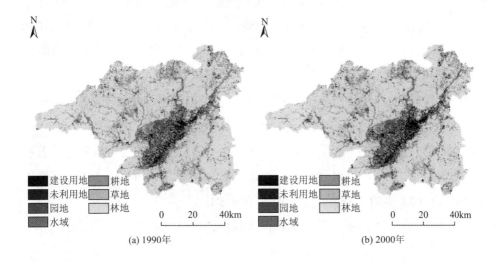

(a) 1990年　　　　　　　　　　　(b) 2000年

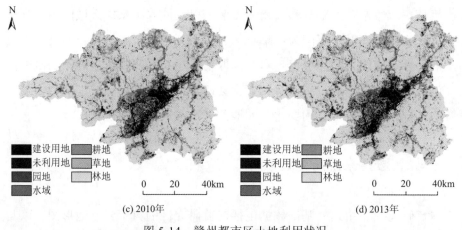

(c) 2010年   (d) 2013年

图 5-14 赣州都市区土地利用状况

5.4.3 土地利用变化速度

（1）耕地面积持续减少，减幅呈先扩大后缩小的动态变化趋势（图 5-15）。1990 年耕地面积为 115 252.9hm^2，占所有地类面积比例达到 16.83%，到 2013 年，耕地面积缩减为 91 907.49hm^2，其间减少了 23 345.41hm^2，比 1990 年减少 20%，占比减少为 13.42%。从变化过程来看，1990～2000 年，耕地面积表现为小幅度减少，为 2.3 个百分点；2000～2010 年，减少幅度加速扩大，达到 15.6 个百分点；2010～2013 年，减少幅度收窄，为 3.2 个百分点。从动态度绝对值来看，1990～2000 年动态度为 0.24%，2000～2010 年增加到 1.56%，2010～2013 年下降为 1.07%，呈现先扩大后缩小的演变过程。

（2）建设用地呈现加速扩张趋势（图 5-15）。1990 年建设用地为 16 570.54hm^2，至 2013 年已经增长至 39 174.49hm^2，增加了 136%左右，所占比例从 1990 年的 2.42%快速扩张到 2013 年的 5.72%，共增加了 3.3 个百分点。从变化动态度看，动态度从 1990～2000 年的 2%先增加至 2000～2010 年的 6.13%，再增加至 2010～2013 年的 7.37%，扩张速度不断加快。

（3）如图 5-15 所示，林地面积保持稳定，比例一直维持在 72%左右，变化动态度指标亦表现一致；草地和水域两类用地分布位置相对稳定，变化波动较小；园地面积在 1990~2000 年相对稳定，后期面积逐渐增加，从 2000 年的 4.83%增加至 2013 年的 5.72%，增幅约 1 个百分点，动态度从负值变为 0.57%；未利用地由于面积较小，面积保持相对稳定，对区域用地格局变化影响较小。

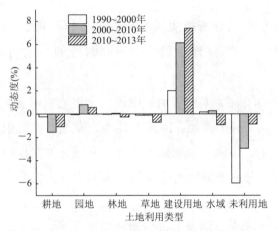

图 5-15　赣州都市区土地利用类型变化速度

5.4.4　土地利用类型转移分析

1. 土地利用转移概率矩阵计算方法

土地利用转移概率矩阵作为刻画区域内不同土地利用类型相互转化动态过程的有效工具，不仅包括研究期初、期末时间节点地类面积信息，还可呈现不同土地利用类型在一定时间间隔内的相互转化信息，可以较全面地揭示研究期内区域土地利用变化的空间格局演变过程。其数学模型可表达为（朱会义和李秀彬，2003）：

$$S_{ij} = \begin{bmatrix} S_{11} & S_{12} & \cdots & S_{1n} \\ S_{21} & S_{22} & \cdots & S_{2n} \\ \vdots & \vdots & & \vdots \\ S_{n1} & S_{n2} & \cdots & S_{nn} \end{bmatrix} \qquad (5\text{-}8)$$

式中，S_{ij} 为研究期初与研究期末的土地利用状态；n 为土地利用类型数。矩阵中向量表示期初土地利用类型向期末土地利用类型转移的概率，每一行向量表示期初 i 地类向期末各地类的转移概率信息，每一列向量表示期末 j 地类从期初各地类的来源概率信息。

2. 土地利用类型转移特征

借助 ArcGIS 空间分析模块的空间叠置功能，对四期土地利用数据进行空间叠加运算，汇总整理得到三个研究时段的土地利用转移概率矩阵（表 5-9）。

（1）1990～2000 年，人类活动强度较低，土地利用演变强度也较低。各种地类保留率较高，其中耕地、园地、林地、草地、建设用地和未利用地保留率均在 95%以上。耕地和园地减少部分主要转化为建设用地，建设用地随着耕地、园地和部分林地的转入而增加。水域主要转化为耕地、林地和少部分建设用地。

（2）2000～2010 年，随着人口增加和经济发展，人类活动强度加剧，土地利用变化加剧。各类用地保留率下降，尤其是未利用地得到较大开发利用，保留率为 59.85%。其中耕地保留率为 83.39%，转出部分主要转移方向为建设用地和林地，分别为 8.92%和 5.25%。园地和林地保留率相对较高，分别为 96.70%和 99.07%，主要向建设用地转移。建设用地因为耕地、园地、林地的转移而实现面积扩张。

（3）2010～2013 年，这一阶段主要反映最近几年的土地利用转移情况，由于这一研究期相对较短，各土地利用类型保留程度较高。但转出部分仍然呈现向建设用地集中的显著特征，近年来，赣州城市化、工业化加速推进，对土地资源的需求不断扩大，导致城市建设用地向农业用地延伸。具体来看，耕地和园地的保留率分别为 95.20%和 91.90%，分别向建设用地转出 3.95%和 7.26%。林地向建设用地和园地均转出 0.49%。草地和未利用地也主要向建设用地转移，分别转出 2.87%和 8.21%。

表 5-9　赣州都市区土地利用转移概率矩阵　（单位：%）

研究时段	土地利用类型	耕地	园地	林地	草地	建设用地	水域	未利用地
1990～ 2000 年	耕地	96.31	0.09	0.15	0.00	2.49	0.66	0.30
	园地	0.16	98.13	0.10	0.00	0.69	0.90	0.02
	林地	0.01	0.00	99.53	0.00	0.16	0.26	0.04
	草地	0.02	0.00	0.01	98.64	0.10	1.23	0.00
	建设用地	2.74	0.66	0.79	0.01	95.14	0.65	0.01
	水域	6.83	1.30	5.31	0.20	1.63	83.84	0.89
	未利用地	0.08	0.83	0.04	0.01	0.37	2.57	96.10
2000～ 2010 年	耕地	83.39	1.75	5.25	0.01	8.92	0.68	0.00
	园地	0.15	96.70	0.08	0.00	2.65	0.40	0.02
	林地	0.07	0.29	99.07	0.13	0.28	0.14	0.02
	草地	0.02	0.39	7.19	90.76	1.28	0.35	0.01
	建设用地	1.51	0.88	0.37	0.09	96.81	0.33	0.01
	水域	2.66	1.06	2.30	0.88	1.78	90.92	0.40
	未利用地	0.67	1.08	27.01	0.03	9.33	2.03	59.85
2010～ 2013 年	耕地	95.20	0.42	0.04	0.00	3.95	0.38	0.01
	园地	0.25	91.90	0.21	0.01	7.26	0.32	0.05
	林地	0.01	0.49	98.94	0.00	0.49	0.07	0.00
	草地	0.00	1.17	0.07	95.84	2.87	0.05	0.00
	建设用地	2.83	1.34	1.66	0.42	92.94	0.76	0.05
	水域	3.07	1.07	3.91	0.23	1.40	89.99	0.33
	未利用地	0.00	0.18	0.65	0.22	8.21	2.31	88.43

5.4.5　土地利用类型空间重心迁移

1. 标准差椭圆

标准差椭圆可从重心、展布范围、密集性、方向和形状等多角度全面揭示地理要素空间分布特征和演变过程（赵璐等，2014）。它包含中心、长轴、短轴、方位角四个基本参数。基于标准差椭圆参数可全面分析地理要素的空间分布重心位置（中心）、主趋势方向（方位角）、空间分布形态（长短轴比值）、密集程度（单位标准差椭圆内分布的地理要素总量）等。本节在全面分析研究区各地类相互转化信息的基础上，以建设用地为典型案例，以各地块的面积为权重，生成建设用地标准差椭圆，考察其空间分布格局特征。

2. 土地利用类型空间重心迁移特征

由以上内容分析可知，建设用地全面影响着区域整体土地利用变化的过程和格局。因此，本节以新增建设用地为典型案例，提取出每个时段的新增建设用地（即各类用地向建设用地转出部分），引入标准差椭圆，考察研究区建设用地扩展的空间轨迹。研究区不同研究时段新增建设用地标准差椭圆空间分布态势如图 5-16 所示，标准差各项参数计算结果见表 5-10。

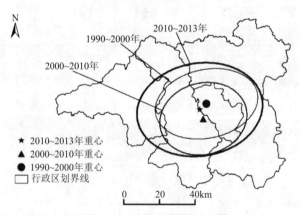

图 5-16　赣州都市区新增建设用地标准差椭圆

表 5-10　标准差椭圆基本参数

参数	1990～2000 年	2000～2010 年	2010～2013 年
转角 θ（°）	78.48	76.57	81.54
沿 X 轴的标准差（km）	1.886	1.966	2.555
沿 Y 轴的标准差（km）	2.922	2.478	3.545

从重心移动轨迹来看，各时段新增建设用地重心总体上围绕章贡区和南康市交界地带南北波动，并呈现向西移动的态势。2000～2010 年新增建设用地较前一时段，空间重心向南偏西方向移动了 8.408km，其中重心向南偏移的距离大于向西偏移的距离。2010～2013 年新增建设用地相对前一时段，重心向西北偏移 5.43km，其中向北偏移的距离大于向西偏移的距离。

从方位角变化情况来看，标准差椭圆方位角先缩小后增大，在 78.48°～81.54°波动，说明各时段新增建设用地总体上呈现北东-南西空间格局。方位角由前期的 78.48°缩小至中期的 76.57°，到后期又增大为 81.54°，北东-南西空间格局由此在中期被弱化，在后期又得到进一步加强。

从空间分布形状变化来看，1990～2000 年，新增建设用地标准差椭圆主要包含章贡区、南康市主城区和赣县部分城区；2000～2010 年，标准差椭圆短轴长度基本保持不变，而长轴长度增长了 0.444km，长短轴之比为 1.24，因此标准差椭圆表现出明显的扁化趋势，较前一时期分布范围有所缩小，章贡区和南康市主城区构成其主体部分，表明中心城区新增建设用地面积所占比重较大，集中化特征明显，使得标准差椭圆聚焦于中心城区；2010～2013 年，标准差椭圆长轴比前一时期增加 1.072km，短轴增加 0.589km，长短轴之比为 1.39，标准差椭圆分布范围显著扩大，涵盖了章贡区全境、南康市中部以及赣县、上犹县的部分地区，表明新开发的建设用地分布范围趋于分散化。

5.4.6　土地利用程度分析

1. 土地利用程度评价方法

不同的土地利用类型表征附着其上的人类活动强度的差异，借助土地利用程度综合指数可以有效表达区域开发强度和土地利用响应差异。其计算公式如下（朱会义和李秀彬，2003）：

$$X = 100 \times \sum_{i=1}^{n} A_i \times W_i \qquad (5\text{-}9)$$

为进一步测度土地利用变化综合效应、判别其演变趋势，引入土地利用变化程度综合指数，其计算公式如下（吕立刚等，2015）：

$$\Delta X_{b-a} = X_b - X_a = \left\{ \left(\sum_{i=1}^{n} A_i \times W_{ib} \right) - \left(\sum_{i=1}^{n} A_i \times W_{ia} \right) \right\} \times 100 \qquad （5\text{-}10）$$

式中，X 为土地利用程度综合指数；A_i 为第 i 级土地利用程度分级指数，在此采用刘纪远（1996）的分级方法，分为未利用级，林、草、水用地级，农业用地级（含耕地、园地），城镇聚落用地级，分别赋值为 1、2、3、4；W_i 为第 i 级土地利用程度面积所占比例；ΔX_{b-a} 为土地利用程度综合变化指数，其值可为正值或负值，其值为正，表示土地处于发展期，其值为负，则表示处于衰退期；X_a、X_b 分别为 a 时期和 b 时期的土地利用程度综合指数；W_{ia}、W_{ib} 分别为 a 时期和 b 时期第 i 级土地利用程度面积所占比例。

2. 土地利用程度变化特征

以往对于土地利用程度的分析大多以行政单元为对象，具有与统计口径一致等优势，但往往分析结果不够精细，难以反映研究区内部更细致的土地利用程度差异。鉴于此，本节在参考现有研究成果的基础上（朱良峰等，2004；吴莉等，2014），综合考量研究区面积大小和采样区工作量，将研究区划分为 2km×2km 的正方形网格，运用式（5-9）和式（5-10）测度每个方形网格的土地利用程度指数和土地利用程度综合变化指数（图5-17）。

（1）土地利用程度综合变化指数稳步提高，土地开发加剧。1990~2000年，土地利用程度综合变化指数为-27.84~44.2，大部分区域集中分布在-1~0 和 0~1 这两个区间，说明这一时期人类开发活动对土地影响相应较小。2000~2010 年，土地利用程度综合变化指数为-38.28~66.35，该时段土地开发程度最为剧烈，土地利用程度综合变化数值高，且开发范围远高于前一时段。2010~2013 年，这一时段土地利用程度综合变化指数继续维持较高水平，为-28.36~64.44，高值区分布范围较前一时段更为广泛。

（2）历经"集中开发"–"连片开发"–"多中心开发"的空间格局演变过程。1990~2000 年，高值区主要集中于章贡区中心地带，区域开发重点聚焦于中心城市核心区；2000~2010 年，高值区从赣县一直往西南延伸至南康市，形成一条高强度开发地带，形成连片开发格局。2010~2013 年，南康、上犹、赣县均为高值开发区域，而前期处于高强度开发的章贡区核心城区开发潜力逐渐消失，开发程度降低，同时围绕中心地带形成了一个高值开发环带。可见，多中心开发格局形成。

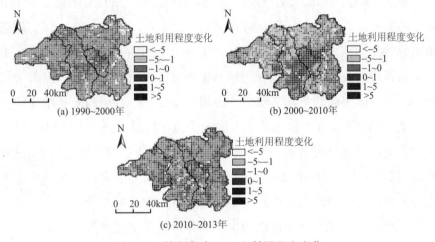

图 5-17　赣州都市区土地利用程度变化

5.4.7　土地利用变化下生态系统服务价值响应

1. 生态系统服务价值测算方法

参考谢高地等（2003）修正 Costanza 方法提出的中国陆地生态系统单位面积生态系统服务价值当量表，同时基于生态系统服务价值当量因子等于当年单位面积粮食价值的 1/7 的原则，结合研究区实际情况对其进行修订，从而获得研究区生态服务价值系数。从而可计算得到研究区生态服务价值量，计算公式为

$$\mathrm{ESV} = \sum (A_k \times \mathrm{VC}_k) \tag{5-11}$$

式中，ESV 为区域生态系统服务价值总量；A_k 为第 k 类土地利用类型的面积，VC_k 为第 k 类土地利用类型对应的生态服务价值系数。

2. 各地类生态系统服务价值变化

根据不同用地类型面积及其生态服务价值系数（表 5-11），利用式（5-11）计算得到 1990～2013 年研究区生态服务价值量及其变化情况（表 5-12）。由表 5-12 可以看出，1990 年、2000 年、2010 年、2013 年研究区生态服务价值总量分别为 242.21 亿元、241.51 亿元、241.48 亿元、239.21 亿元，表现出波动减少的态势，共减少 3 亿元。从其变化过程来看，1990～2000 年，生态服务价值总量年均减少 0.29%，主要是由于耕地、园地、林地、草地等高生态服务价值地类的流失，虽然未利用地的生态服务价值大幅增加，但由于其比重较小，对总体变化趋势影响较小；2000～2010 年，耕地和未利用地的生态服务价值大幅减少，其中耕地的生态服务价值年均减少高达 15.65%，而园地和水域的生态服务价值增加，此消彼长使得生态服务总价值量维持相对平衡，年均仅减少 0.01%；2010～2013 年，由于耕地、林地、草地、水域的流失，生态服务价值总量年均减幅达到 0.94%。从各地类对生态服务价值总量的贡献来看，林地、水域、耕地提供的生态服务价值贡献位列前三位，三者之和占总价值量的比重高达 95% 左右，其中林地一项就达 85% 左右。值得注意的是，研究期内园地的生态服务价值年均增幅高达 9.42%，这主要与赣南脐橙的大规模种植有较大关系。总体看来，耕地的生态服务价值急剧减少是研究区生态服务价值变化的突出特征，可见，建设用地扩张对耕地等高生态服务价值地类的侵占是研究区生态服务价值减少的主要因素。

表 5-11　土地利用类型单位面积生态服务价值系数　[单位：元/（hm²·a）]

生态服务项目	林地	草地	园地	耕地	水域	未利用地	建设用地
气体调节	6 614.86	1 511.97	4 063.41	944.98	0.00	0.00	0.00
气候调节	5 102.89	1 700.96	3 401.93	1 682.06	869.38	0.00	0.00
水源涵养	6 047.87	1 511.97	3 779.92	1 133.98	38 517.38	56.70	0.00
土壤形成与保护	7 370.84	3 685.42	5 528.13	2 759.34	18.90	37.80	0.00

续表

生态服务项目	林地	草地	园地	耕地	水域	未利用地	建设用地
废物处理	2 475.85	2 475.85	2 475.85	3 099.53	34 359.47	18.90	0.00
生物多样性保护	6 161.27	2 060.06	4 110.66	1 341.87	4 706.00	642.59	0.00
食物生产	189.00	566.99	377.99	1 889.96	189.00	18.90	0.00
原材料	4 913.90	94.50	2 504.20	189.00	18.90	0.00	0.00
娱乐文化	2 419.15	75.60	1 247.37	18.90	8 202.43	18.90	0.00
合计	41 295.63	13 683.31	27 489.47	13 059.62	86 881.46	793.78	0.00

注：受四舍五入的影响，表中数据稍有偏差

表 5-12　不同用地类型生态服务价值变化

土地利用类型	ESV（亿元）				所占比重（%）				年均变化率（%）			
	1990年	2000年	2010年	2013年	1990年	2000年	2010年	2013年	1990~2000年	2000~2010年	2010~2013年	1990~2013年
耕地	15.05	14.7	12.4	12	6.21	6.09	5.14	5.02	−2.33	−15.65	−3.23	−20.27
园地	9.13	9.09	9.82	9.99	3.77	3.76	4.07	4.18	−0.44	8.03	1.73	9.42
林地	204.2	203.7	204.9	203.2	84.31	84.34	84.85	84.95	−0.24	0.59	−0.83	−0.49
草地	1.31	1.3	1.28	1.26	0.54	0.54	0.53	0.53	−0.76	−1.54	−1.56	−3.82
水域	12.49	12.7	13.04	12.68	5.16	5.26	5.40	5.30	1.68	2.68	−2.76	1.52
未利用地	0.009	0.014	0.01	0.009	0.00	0.00	0.00	0.00	55.56	−28.57	−10.00	0.00
建设用地	0.00	0.00	0.00	0.00	0.00	0.00	0.00	0.00	0.00	0.00	0.00	0.00
总计	242.21	241.51	241.48	239.21	100	100	100	100	−0.29	−0.01	−0.94	−1.24

注：受四舍五入的影响，表中数据稍有偏差

3. 生态系统服务价值空间分布格局

借助 2km×2km 正方形网格对研究区生态服务价值实现空间网格化，剔除不完整网格，共得到 1878 个 4km² 的正方形网格，计算每个样区的生态服务价值总量，然后将网格图层转换为点图层，以每个网格的价值量作为代表样点的价值量，进行克里金空间插值分析，得到研究区四期生态服务价值分布图（图 5-18）。总体上，研究期内生态服务价值空间分布格局维持较好的稳定性，表现出明显的"中心低四周高"格局特征，包含赣州、南康、赣县在内的低值中心区，建设用地面积密度大，生态功能用地分布较少，使得该区域生态服务价值明显低于周围地区。从数值变化来看，1990～2013 年，研究区生态服务价值最大值由 50 620.4 元/hm² 增加为 59 506.9 元/hm²，这部分区域主要分布在承担水源涵养和生态屏障等重要生态功能的地区，包括上犹境内的上犹江、五指峰，赣县境内的赣江流域等。而研究区最低值表现出持续减少的趋势，由 13 817.9 元/hm² 降为 4464.13 元/hm²，表明随着城市化和人口增长，中心城区土地利用程度显著提升，生产生活空间进一步挤压了生态空间，造成城区内部的生态用地大量流失，致使其生态服务价值持续降低。

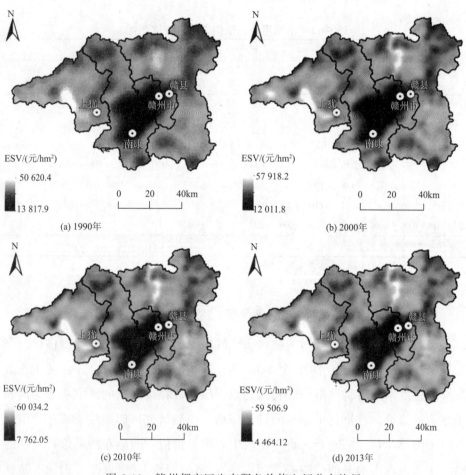

图 5-18　赣州都市区生态服务价值空间分布格局

5.4.8　本节小结

借助遥感和地理信息系统技术，利用 1990 年、2000 年、2010 年和 2013 年四期土地利用数据，采用土地利用转移概率矩阵、标准差椭圆、土地利用程度等方法对研究区土地利用变化速度、转移方向和格局、土地综合开发利用水平等方面进行全面分析，并测算了土地利用变化下的生态系统服务价值时空变化特征。结果显示：

林地和耕地是研究区的主要用地类型，研究期内耕地面积持续减少，建设用地加速扩张，园地开发需求旺盛，草地和水域变化波动较小，未利用地面积表现出先增后减的趋势。随着区域人口增加和城市化进程加快，人类活动强度加剧，各类用地转出率逐步上升，各类用地之间转换面积不断增加，组合趋于多样化。总体来看，主要表现为耕地、园地、林地和建设用地之间的转换，其中建设用地扩张是引致区域土地利用变化的关键因素，相应的，研究区土地利用程度综合变化指数稳步提高，土地利用变化对人类活动响应加剧，各类用地向更高产出效率用地转换成为主流。

1990 年、2000 年、2010 年、2013 年生态系统服务价值分别为 242.21 亿元、241.51 亿元、241.48 亿元、239.21 亿元，呈现波动下降的趋势，建设用地扩展造成生态用地流失是主要因素。生态系统服务价值构成上，耕地生态贡献下降明显，园地由于脐橙等的大规模种植面积显著增加，生态贡献明显提高。

较之与以往研究成果，本节在全面分析土地利用变化与转移时空特征和规律的同时，对研究区土地利用变化中的关键地类——建设用地进行重点探讨，引入标准差椭圆对建设用地扩展轨迹和空间分布特征进行考察，有助于清晰地把握土地利用变化复杂规律中的重点和关键。此外，本节引入网格分析法对研究区土地利用程度和生态服务价值空间格局进行探讨，相较于传统基于行政单元的空间格局评价，在刻画空间差异方面层次性和梯度性更为鲜明。但研究选取的 2km×2km 网格是否是适合研究区的最优尺度则没有进行讨论，这是进一步研究需要优先考虑的问题。

第 6 章　江西省土地利用生态安全格局构建

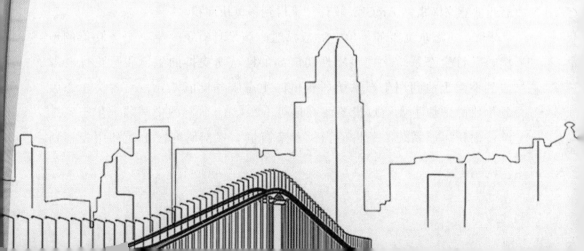

6.1　生态安全格局构建思路与过程

6.1.1　生态源地选取

1. 数据来源与处理

本章基于 2013 年江西省土地利用矢量数据（数据处理过程见本书 1.3 节）。参考已有研究（吴健生等，2015），本章将林地、草地、耕地、水域作为研究的生态用地，借助 ArcGIS 软件提取得到 2013 年江西省生态用地。

2. 生态源地提取方法

国内权威景观生态学者俞孔坚等（2009）认为，作为维持区域生态安全的核心斑块，生态源地须满足 3 个层次的目标：维护现有景观过程的完整性；保证生态系统的可持续性；防止生态系统退化带来的各种生态问题。依据其理论，研究认为可从以下 3 个层次对生态斑块进行单因素评价，进而综合识别出维护区域生态安全格局的源地。

（1）斑块面积。维持良好的景观连通性对保护生物多样性和维持生态系统稳定性和整体性具有重要意义。大面积的生境斑块在维持景观连通性中具有重要意义。借助 ArcGIS 软件计算得到各斑块面积。

（2）生态系统服务价值。生态源地应该是具有重要生态服务功能的地块，并且生态系统生物多样性功能高的区域所支持的生境质量更优。考虑到不同土地利用生态系统所提供的生态服务价值差异，对各类生态服务价值的评估主要通过借鉴谢高地等（2015b）研制的中国陆地生态系统单位面积生态系统服务价值当量表来衡量。根据研究区土地利用类型划分，得到耕地、林地、草地、水域 4 类生态用地的生物多样性服务价值系数（表 6-1）。

表 6-1　不同生态系统生物多样性服务价值系数

生态用地类型	耕地	林地	草地	水域
生物多样性服务价值系数	1.02	4.51	1.87	3.43

（3）生境质量。生态源地相应具有较高的生境质量，一般而言，生态用地周边土地利用强度高，则生境质量低；反之，则生态用地生境质量高。生境质量评估主要通过分析生态斑块所处区域周边威胁的影响大小来实现。具体计算过程见 5.2.1 节。

依据上述评价方法，以斑块为基本计算单元，分别计算出斑块面积、生态服务价值、生境质量 3 个指标得分，运用自然断裂点分级法将各指标分值划分为 1~5 五个分值级别（图 6-1），并定义分值越低，生境斑块质量越高，重要性越高。

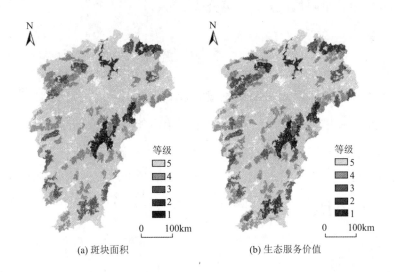

(a) 斑块面积　　　　(b) 生态服务价值

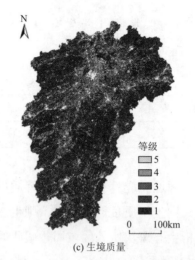

(c) 生境质量

图 6-1　生态用地重要性级别单因素评价

（4）综合评价模型与生态源地识别。在单因素评价的基础上，利用层次分析法（AHP）确定 3 个指标的权重，分别为斑块面积（0.2）、生态系统服务价值（0.4）、生境质量（0.4）。在此基础上，借助加权求和模型求算每个栅格单元的生态重要性得分，计算公式如下：

$$F_i = \sum_{j=1}^{n} p_{ij} w_{ij} \qquad (6\text{-}1)$$

式中，F_i 为第 i 个评价单元的生态重要性总得分；p_{ij} 为第 i 个评价单元第 j 个指标的重要级别；w_{ij} 为第 i 个评价单元第 j 个指标的权重。

根据加权求和结果，按照自然断裂点分级法将研究区划分为 1～5 级不同生态用地重要性级别（图 6-2），定义级别数值越低，则生境质量越高，生态重要性越高。并将其中第 1 级和第 2 级生态用地确定为研究区的生态源地（图 6-2）。

图 6-2　生态用地重要性分级结果

6.1.2　基于 AHP 的垂直生态过程

生态源地的扩张受到自然地理因子和社会经济因子的综合影响。综合借鉴现有研究成果（叶玉瑶等，2014；吕建成等，2015；杨姗姗等，2016），结合江西省自然本底和社会经济环境，从地形地貌、生态环境、景观空间格局 3 个层面选取 7 项指标作为生态源地扩张的阻力因素。对地形地貌的评价，选取高程、坡度进行考察；利用土地利用类型和 NDVI 两项指标对生态环境进行评价；景观空间格局评价部分，主要从距居民点距离、距河流距离、距道路距离等方面进行综合考虑，计算和实现过程主要借助 ArcGIS 平台和 Excel 软件。首先，对于单一阻力因素，综合借鉴了叶玉瑶等（2014）、杨姗姗等（2016）的等级划分方法，将各阻力因素划分为 1、3、5、7、9，共 5 个等级（表 6-2），数值越大，表示阻力越大。由此得到标准化为 5 个等级的

7 项阻力要素栅格图层。其次，考虑各阻力要素对生态源扩张的影响程度差异，采用层次分析法确定各因子权重（表 6-2）。最后，根据各阻力要素权重，采用 ArcGIS 栅格计算工具将 7 项阻力要素加权叠置，生成基于栅格的综合阻力面。

表 6-2　生态源地扩张因子体系及权重

阻力因子	阻力要素	权重	分类/阈值	赋值
地形地貌	高程	0.057	<150m	9
			150~300m	7
			300~500m	5
			500~1000m	3
			>1000m	1
	坡度	0.057	0°~3°	9
			3°~8°	7
			8°~15°	5
			15°~25°	3
			>25°	1
生态环境	土地利用类型	0.285	林地、水域	1
			草地、疏林地	3
			耕地	5
			未利用地	7
			建设用地	9
	NDVI	0.215	0.774~0.95	1
			0.683~0.774	3
			0.544~0.683	5
			0.245~0.544	7
			−0.415~0.245	9

续表

阻力因子	阻力要素		权重	分类/阈值	赋值
景观空间格局	距居民点距离		0.112	<0.25km	9
				0.25～0.5km	7
				0.5～1km	5
				1～2km	3
				>2km	1
	距河流距离		0.167	<1km	1
				1～3km	3
				3～5km	5
				5～10km	7
				>10km	9
	距道路距离	高速	0.108	<1km	9
				1～2km	7
				2～5km	5
				5～10km	3
				10～15km	1
		国道		<0.5km	9
				0.5～1km	7
				1～2km	5
				2～5km	3
				5～10km	1
		省道		<0.25km	9
				0.25～0.5km	7
				0.5～1km	5
				1～2km	3
				>2km	1

续表

阻力因子	阻力要素	权重	分类/阈值	赋值
			<0.1km	9
			0.1~0.2km	7
景观空间格局	距道路距离　县道	0.108	0.2~0.5km	5
			0.5~1km	3
			>1km	1

6.1.3　基于最小累积阻力模型的水平生态过程

Knaapen 等（1992）于 1992 年最早提出的最小累积阻力模型（MCR），主要刻画的是物种由源地到目的地运动过程中所要克服的阻力或耗费的代价，最初主要运用于物种迁移过程、物种保护及景观格局保护等生态学领域。国内学者俞孔坚等（2009）对该模型进行修订，并将其引入景观生态过程、城市土地演变过程等研究领域，受到国内学界的普遍认可。一般地，该模型可表述为

$$MCR = f_{min}\left(\sum_{j=n}^{i=1} D_{ij} \times R_i\right) \qquad (6\text{-}2)$$

式中，MCR 为最小累积阻力值；D_{ij} 为物种从源栅格 j 到景观单元栅格 i 的空间距离；R_i 为景观单元栅格 i 对某物种运动的阻力系数；$\sum$ 为物种由源栅格 j 运动到景观单元栅格 i 之间穿越的所有栅格单元的距离和阻力的累积和；f_{min} 表示最小累积阻力与生态过程呈正相关关系。该模型的实现过程基于 ArcGIS 平台的空间分析模块的 COST DISTANCE 工具，该工具的目标即确定区域中所有像元（栅格）到某个源的最小成本路径。执行该工具需要先创建两份数据集，即源数据集和成本数据集，其中成本数据集为基于层次分析法的垂直生态过程生成的综合阻力面。

6.1.4　生态安全格局

生态安全格局是维护区域生态平衡和可持续发展的基础性、宏观性的生态空间安排和部署,对区域空间开发和治理具有重要的指导意义。生态安全格局通常包含生态源地、生态空间格局、生态廊道、生态节点等组成部分,依托点-线-区的空间布局和组合,构建区域宏观生态安全格局。

以基于垂直生态过程创建的综合阻力面,以及由水平生态过程确定的MCR 模型和生态源地为数据支持,借助 ArcGIS 软件计算生态源地扩张的最小累积阻力值。在此基础上,考察最小累积阻力值与栅格面积的关系进行突变监测,识别突变点,当物种或生态流通过突变点时,生态源地扩张最小累积阻力值发生剧烈变化,将其值作为划分高、中、低 3 种水平生态安全格局缓冲区的分界线,从而得到江西省生态分区空间格局。

6.1.5　生态廊道提取

生态廊道是生态源地之间扩散的最小累积阻力通道,同时也是物种和生态流扩散和传播的最佳路径。通过综合参考现有研究(杨姗姗等,2016;潘竟虎和刘晓,2015;蒙吉军等,2016;陈小平和陈文波,2016)发现,对于生态廊道或生态网络的构建,总体上可归纳为两种方法:第一种方法是在选取生态源地、构建生态源地扩张阻力表面的基础上,借助最小累积阻力模型来寻找相邻生态源地间生态流传输、扩散的低阻力通道,这类低阻力通道理论上是物种或生态流运行的理想最低阻力成本通道,因此,这种方法提取的生态廊道往往被称为"潜在生态廊道",在若干生态源地两两之间提取潜在生态廊道最终形成区域生态源地互为连通的生态廊道网络。第二种方法则在生成生态扩张阻力表面的基础上,将地形分析中谷脊线的提取方法引入景观生态学当中,即将阻力表面视为高低起伏的地形表面,依据地形特征线提取方法将其中的谷线提取出来,形成区域的生态廊道。这种方法最终生成的生态廊道往往与生态源地具有较高的重合性,沿生态源地呈水系状向周围辐射扩散，局限性是往往生态廊道之间的连接性不足，网络联通性有待提升。鉴于此，本章综合运用上述两种生态廊道提取方法，其中运用第一种方法提取得到的生态廊道为潜在生态廊道，运用第二种方法提取得到的生态廊道为辐射通道，两者共同构成江西省生态廊道网络。

潜在生态廊道的提取方法如下：①数据源准备。包括提取生态源地斑块的中心点作为源/汇点、生态源扩张阻力表面栅格图层。②借助 ArcGIS 距离分析模块，一次提取每个源/汇点到其他所有源/汇点的最小耗费路径。③将所有两点之间的最小耗费路径叠加合并，生成所有源汇点两两之间的生态廊道网络。④最后将栅格格式的生态廊道矢量化和整饰，即得到潜在生态廊道。

辐射通道的提取方法如下：在 MCR 表面上，生态廊道是相邻生态源之间的最小累积阻力栅格构成的线状路径。借助 ArcGIS 水文分析模块提取生态廊道，以最小累积阻力表面为数据基础，对阻力表面进行洼地填充、计算无洼地水流方向、汇流累积量测算等操作，接着，反复设定汇流累积量阈值，确定最佳阈值为 2000，提取得到栅格格式的最小累积阻力谷线，最后将其矢量化及平滑处理即可得到基于最小累积阻力表面的最小耗费路径，即确定辐射通道的空间布局。

6.2 生态安全格局构建方案与分析

6.2.1 生态源地识别结果

依据前面生态源地提取规则，本节将 1 级和 2 级生态用地确定为江西省的生态源地，面积为 36 031km^2，占全省面积的比重为 21.59%。从不同级别生态用地面积数量来看（表 6-3），1 级生态用地面积为 10 251km^2，占全省面积的比重为 6.14%；2 级生态用地面积为 25 780km^2，占全省面积的比重为

15.45%。从空间分布来看（图 6-2），1 级生态用地主要分布在抚州境内的武夷山、赣东北浮梁、婺源交界处的怀玉山、黄山余脉、赣南山区、赣西北修水、武宁交界处的幕阜山、鄱阳湖区，除鄱阳湖外均为大面积的山地生境斑块；2 级生态用地基本上位于江西省省域边境地区，分布在 1 级生态用地的外围地区；3 级生态用地则沿着 2 级生态用地由省域边缘向省内延伸；4 级和 5 级生态用地主要分布于赣北平原地区，赣南地区分布较少，主要分布在城镇建设用地周边区域。综上可知，江西省生态安全格局生态源地主要分布在海拔较高的山地，因此，鄱阳湖区及江西省域边缘的主要山区应作为环境保护和生态建设的重点。

表 6-3　各级别生态用地面积及占全省面积的比重

重要性级别	1	2	3	4	5
面积（km²）	10 251	25 780	70 294	42 242	7 420
占全省面积的比重（%）	6.14	15.45	42.13	25.32	4.45

将生态用地分级结果与土地利用图进行叠置分析，考察生态用地的土地利用类型组成与结构（表 6-4）。结果表明，生态源地主要土地利用类型为林地，同时包含少量的水域和耕地。其中，1 级生态用地中林地所占比重达到 82.67%，其次为水域，占比为 13.55%。2 级生态用地中林地占比高达 95.49%，其次为耕地，占比为 2.08%。从各土地利用类型在不同级别生态用地中占比的情况来看，生态源地所占面积比重最高的为林地，其次为水域，再次为耕地。3 级生态用地的土地利用类型组成与生态源地类似，林地占比为 85.28%，其次为水域（9.38%）和耕地（3.44%）。4 级生态用地主要由耕地组成，耕地面积占比高达 96.41%。5 级生态用地以建设用地和未利用地为主，占比分别为 85.57% 和 14.22%。总体来看，林地构成了江西省生态用地的主体，其次是耕地和水域；采取有效措施加强山、水、田、林、湖的有效治理和保护是实现江西省生态环境可持续发展和利用的关键。

表 6-4　生态用地土地利用类型构成

土地利用类型	1 级面积（km²）	占比（%）	2 级面积（km²）	占比（%）	3 级面积（km²）	占比（%）	4 级面积（km²）	占比（%）	5 级面积（km²）	占比（%）
耕地	334	3.26	536	2.08	2 420	3.44	40 726	96.41	16	0.22
林地	8 475	82.67	24 618	95.49	59 948	85.28	1	0.00	0	0.00
草地	53	0.52	202	0.78	1 200	1.71	732	1.73	0	0.00
水域	1 389	13.55	395	1.53	6 591	9.38	467	1.11	0	0.00
建设用地	0	0.00	27	0.10	69	0.10	299	0.71	6349	85.57
未利用地	0	0.00	2	0.01	66	0.09	17	0.04	1 055	14.22

注：受四舍五入的影响，表中数据稍有偏差

6.2.2　综合阻力表面生成

依据高程、坡度、土地利用类型、NDVI、距河流距离、距居民点距离、距道路距离 7 项生态阻力单因素评价结果（图 6-3），将土地单元的各阻力因素进行叠加即得到该单元对于生态源地扩张的阻力值，全部的土地景观单元的阻力值则构成了整个区域的综合阻力面（图 6-4）。实际上，借助垂直生态过程构建的阻力基面表征的是土地单元自身的生态扩张适宜性。在将基础数据栅格化处理的基础上，依据阻力因子权重及赋值体系，借助 ArcGIS 平台叠加得到生态源地扩张的综合阻力面。由图 6-4 可知，生态源地扩张综合阻力表面具有 3 个显著特征：第一，生态源地扩张低阻力区主要为山区和林区，尤其是省域边缘地区的连片山地。第二，高阻力区主要包括现有城乡建设用地及重要交通干线沿线地区，这些栅格单元对生态源地扩张的阻力极大；这与本节设置的生态源地扩张赋值体系是吻合的。第三，整个阻力表面景观较为破碎，部分低阻力斑块和高阻力斑块分布较为分散，这主要是由于垂直生态过程更为关注栅格单元自身生态属性对于生态扩张的适宜性。

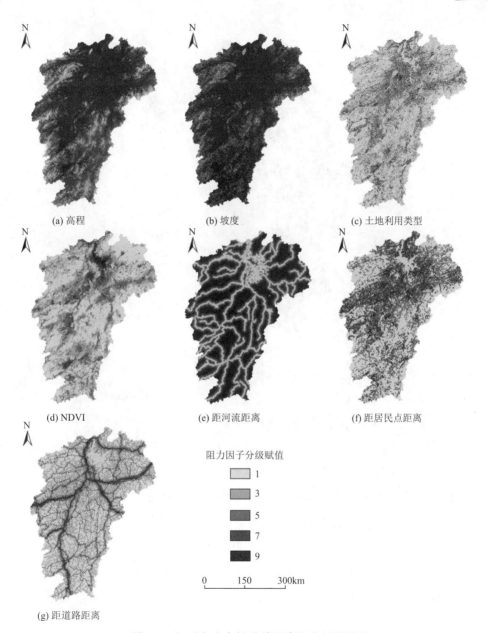

图 6-3　江西省生态扩张单因素阻力评价结果

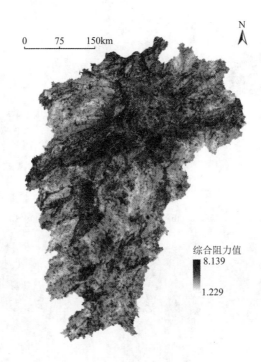

图 6-4 生态源地扩张综合阻力表面

6.2.3 最小累积阻力面生成

以江西省生态源地为扩张源地，借助最小累积阻力模型计算得到生态源地扩张的最小累积阻力面（图 6-5）。鄱阳湖东西岸地区、沪昆铁路沿线地区、吉泰盆地地区及赣南的部分地区是累积阻力高值区域，这些区域人口和城市密集，交通等基础设施布局集中，人类开发活动强度大，生态适宜性差，且距离生态源较远，生态流的扩张阻抗较大。赣东、赣西及赣南的大片山区生态适宜性良好，且接近生态源地，因而累积阻力值较小，适于生态流运行和扩散。

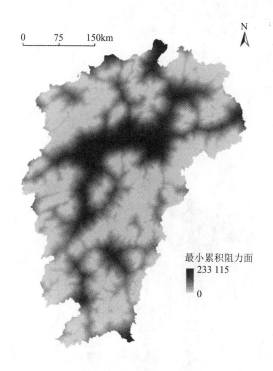

图 6-5　生态源地扩张最小累积阻力面

6.2.4　土地利用生态安全格局构建方案

1. 生态安全格局

依据生态源地最小累积阻力表面，考察阻力值与栅格单元的关系，选择合理的分界值作为生态分区的划分标准，并利用 ArcGIS 重分类工具将研究区划分为高（最小累积阻力值>100 000）、中（33 000<最小累积阻力值<100 000）、低（最小累积阻力值<33 000）3 个水平层次的生态安全分区，得到江西省土地利用生态安全分区图（图 6-6）。整体上看，研究区生态安全水平总体良好，反映区域生态环境本底条件的低水平生态安全格局面积较广，生态安全水平呈现空间异质性特征，江西省土地利用生态安全格局具有"外围-中心"结构特征，由四周的低水平生态安全格局逐渐过渡到中心的高水平生态安全格局。从空间构成看，低水平生态安全格局面积为 101 230km²，占比为 61.06%；中

等水平生态安全格局面积为 46 844km²，占比为 28.26%；高水平生态安全格局面积为 17 699km²，占比为 10.68%。

图 6-6　江西省土地利用生态安全分区

从空间分布看，低水平生态安全格局主要分布于研究区周边的山区，包括武夷山片区、赣南山区、罗霄山片区等，是维持江西省优良生态环境的本底性生态资源，多为禁止开发区和限制开发区，构成研究区低水平的生态安全格局。中等水平生态安全格局处于低水平生态安全格局向高水平生态安全格局的过渡地带，地势较为平坦，耕地和居民点分布较多，应加强生态廊道建设，强化生态源地之间的沟通。高水平生态安全格局是研究区生态建设和环境保护长期努力的目标，该部分区域内主要是人口和城镇密集带，生态建设方向主要是控制建设用地增长规模，保持耕地总量动态平衡，强化生态建设，逐步改善区域内生态环境质量。

2. 生态廊道识别

　　江西省生态廊道网络如图 6-7 所示。其中，基于最小累积阻力模型提取得到潜在生态廊道中，最短生态廊道长度为 32.04km，最长生态廊道长度为 197.21km，总长度为 8258.59km。潜在生态廊道遍布全省，总体上呈现北疏南密的空间分布格局。从分布区位上来看，潜在生态廊道主要布局在生境质量较好的低山丘陵地区，从空间上较好地规避了人类干扰较大的城镇密集区，可为生态源地间物种扩散和生态流运行提供有效的桥梁和衔接作用。同时，基于水文分析方法，提取得到江西省辐射通道 209 条，总长度约为 3378.85km（图 6-7）。辐射通道以生态源地为中心，沿着低阻力谷线，呈树枝状分布特征，因此，辐射通道主要由林地和水系构成。

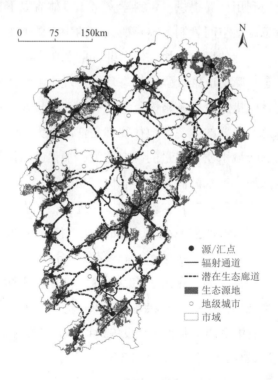

图 6-7　江西省生态廊道网络

综合源/汇点、生态廊道、生态安全分区等空间组分，构成了包含"点-线-区"多层次要素的江西省土地利用生态安全格局（图6-7）。

6.3 江西省生态建设建议

自2014年江西省生态文明先行示范区实施方案获批以来，江西全省上下大力推进生态文明建设，致力于构建定位清晰的国土空间开发体系。基于该背景下，本章构建的江西省土地利用生态安全格局，可为促进江西省生态建设、优化土地资源利用格局提供一定科学参考。具体有以下几点：

（1）强化生态源地空间管制。本章所提取的生态源地主要是江西东部、西部、南部的大型山脉的巨型斑块，以及北部的鄱阳湖湿地，这些区域均为江西省天然的生态屏障，应继续强化生态环境治理，继续实施封山育林、荒山改造、退耕还林的措施进行植被恢复。同时，江西省作为一个相对独立的自然地理单元，这些重要的生态源地往往都是江西省大小河流的发源地，因此，需要推进实施流域水质和水量的动态监测，加强江河源头区的环境治理和生态保护，确保源头区水源涵养和生态保育功能。

（2）继续实施生态移民工程。新型城镇化进程中，农村地区逐步暴露出"散"、"乱"及"空"的问题，这在山地面积比重接近60%的江西省，问题更为突出。尤其是重要的生态源地区，仍然存在部分散居在偏远深山的村民，这些地区大都地处偏远、交通滞后、信息闭塞。因此，应逐步通过实施生态移民，恢复重要生态功能区的自然状态，确保生态过程的运行。同时，设置移民搬迁安置点，强化生产、生活配套设施建设，实现公共服务的集中供给，改善农村生产生活条件，优化村庄生态环境。

（3）优化生态廊道网络。江西省生态廊道网络包含潜在生态廊道和辐射通道，它们使生态源地相互连通，促进了生态流的扩散和传播，构成了保障江西省生态安全格局的基本骨架。生态廊道网络建设应循序渐进、有重点地分类推进。第一，河流作为天然的现状生态廊道，应优先强化治理和保护。贯彻实施"河长制"，加强沿河流域植被恢复，强化水文环境监测，保障现状廊道畅通。第二，针对辐射通道，该类生态廊道主要沿生态源地向四周辐射扩散，可根据其走向，重点强化通道的植被恢复和生态保育，确保生态源地区生态流运行。第三，针对潜在生态廊道，由于生态廊道网络覆盖范围广、建设成本高，需要制定规划、分阶段逐步推进建设。应从生态廊道网络的整体性出发，由省级相关职能部门及相关县区协同规划、共同建设，在用地需求上给予优先保障，协调生态廊道建设与人类活动的空间冲突，避免因大型开发建设活动切断生态廊道，保障生态廊道网络的完整性。此外，在推进生态廊道网络建设过程中，应充分发挥各地的交通、区位及资源优势，依托生态廊道网络，建设连接全省各县区的生态旅游网络，将生态优势转化为经济优势，促进生态经济的协调发展。

6.4　本　章　小　结

在第 3 章～第 5 章全面梳理江西省土地利用演变特征及其生态环境效应的基础上，本章从生态安全和土地资源的可持续利用角度出发，进一步探求构建江西省土地利用生态安全格局。土地利用生态安全格局构建实质上就是运用景观生态学的理论与方法解决土地利用优化配置和合理利用的问题。因此，本章结合景观生态学理论方法，综合运用 ArcGIS 空间分析技术构建江西省综合生态安全格局。

依据俞孔坚等（2009）关于生态源地内涵的提法，从斑块面积、生态系统服务价值、生境质量角度对研究区生态用地进行综合评价，识别和提取了研究区生态源地，结果显示鄱阳湖区及江西省域边缘的主要山区是构成生态源地的主体，土地覆被主要为林地和水域。从地形地貌、生态环境、景观空间格局 3 个层面选取 7 项指标构建了生态源地的综合扩张阻力表面，借助

ArcGIS 距离分析模块，运用最小累积阻力模型计算得到研究区生态源地扩张最小累积阻力值，进一步进行生态分区。综合运用 ArcGIS 最低耗费路径分析工具及水文分析模块两种方法，分别提取了研究区潜在生态廊道和辐射通道，形成江西省生态廊道网络。综合生态源/汇点、生态廊道、生态分区，构建了包含"点-线-区"的多层次多要素的综合生态安全格局，基于研究所构建的生态安全格局框架，提出了未来江西生态管理与建设的若干建议，包括强化生态源地空间管制、继续实施生态移民工程、优化生态廊道网络等。

第 7 章　结论与展望

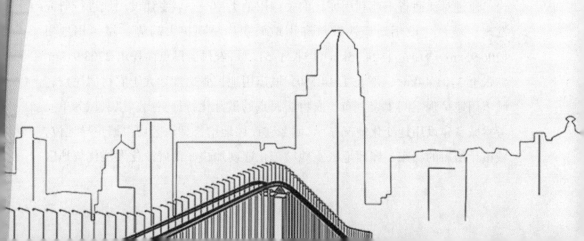

7.1 主 要 结 论

7.1.1 江西省土地利用变化特征及机理

2005～2013年，江西省土地利用结构以林地和耕地为主，土地利用变化速度呈现下降趋势，以中心城市周边县域变化最为明显，各地类增减变化差异显著，草地、耕地、未利用地持续减少，建设用地持续增加，水域先增加后减少，林地则先减少后增加。2005年以来，江西省深入推进"以工业化为核心"的发展思路，全省兴起工业园区建设的热潮，在此背景下，耕地、林地等被大量征占，耕地与建设用地、林地三种地类间的转移流在土地转移网络中占主导地位，农地非农化特征突出。土地利用转移的热点区总体较为分散，环鄱阳湖区和瑞兴于地区是相对集聚区。江西省土地利用程度整体水平普遍提升，土地利用程度综合变化指数区域差异逐步缩小，受政策促进作用，赣北环鄱区、赣南地区是全省土地利用的活跃地区。根据景观格局分析，随着建设用地急剧扩张和耕地面积缩减，江西省土地利用结构发生明显变化，景观多样性指数和景观均匀度指数上升，区域景观异质性的减弱，景观均衡性增强；同时景观蔓延度指数的降低也表明了区域景观斑块分化、整体景观破碎程度上升的趋势，势必对区域生态安全和生态平衡形成不利影响。

通过对江西省土地利用变化的关键用地类型——城乡建设用地进行研究发现，城乡建设用地斑块数量和用地面积均呈现扩大趋势，城镇用地由1206.95km²增加至1824.75km²，增长了51.2%，农村居民点面积由2708.91km²扩张至3101.44km²，增长了14.5%，城镇用地扩张速度远大于农村居民点，城镇用地呈现空间集聚分布，农村居民点的散乱化特征突出。以县域为单元考察城乡建设用地变化情况显示，城乡建设用地增长型地区均占据主导地位，城镇化滞后的赣东、赣西地区土地城镇化速度加快，而城镇化发展优势地区受中心城市扩张和更新的影响，农村居民点面积急剧减少。从城乡建设用地与其他地类的交互来看，城镇用地性质相对稳固，以其他用地转入城镇用地为主，新增用地主要借助行政手段征用土地来实现，增量用地来源更为广泛，而新增农村居民点则主要来源于耕地，农户占用耕地自发性特征明显，"一户多宅"等土地资源浪费现象较为突出。利用相关性分析和多元线性回归分析表明，城镇化、工业化和交通基础设施引导等市场因素和土地政策因素是驱动城乡建设用地格局的主要因素，城镇用地扩张表现为自上而下的行政主导驱动，农村居民点则是自下而上的农村多元需求驱动，这样的差异性体现了城乡土地要素二元化制度安排下的土地资源配置特征。

进一步对江西省农村居民点的时空格局特征进行研究发现，江西省农村居民点数量多、规模小，存在大尺度空间离散而在局部区域集聚的特征，呈现出聚落数量南疏北密、用地面积南小北大的空间分异，并且主要围绕城市周边、地势低平区、中心村（镇）高度集聚。2005～2013 年，江西省农村居民点斑块面积和个数增加，而平均斑块面积有所下降，居民点细碎化格局更为突出。空间上，围绕城镇与交通线的居民点扩张和土地整治及生态移民导致的居民点收缩并存，扩张区主要为原有居民点的继续增长，收缩区则主要分布在大城市周边县域及边远山区。借助地理探测器工具对江西省县域农村居民点格局影响因素进行探测，结果表明，农业发展及人口增加、县域经济发展及投资带动、地形条件是三大主要影响因素，其中农业发展与人口增长是最重要的影响因素，是乡村振兴发展的内生动力；县域经济发展和投资作为引领乡村发展的外部动力，影响着不同区域农村居民点的动态变化；地形条件则是农村居民点形成发育的基础性制约条件。各单因素对县域农村居民点格局的影响在不同样带表现出特定的一致性和差异性。

7.1.2 土地利用变化下江西省人地协调关系演变特征

围绕"人口-土地"系统耦合关系、生态经济系统耦合关系，考察人口城镇化和土地利用变化下的人地关系协调状况。

　　江西省城市人口规模逐步形成轴带式核心-边缘结构的分布格局,城市建成区面积则形成"一极两核,众星拱卫"的空间格局。基于人口增长-土地扩张协调性模型,可将江西省划分为人地收缩型、人口增长型、人地协调型、土地扩张型四类区域。其中,土地扩张型城市数量最多,主要集中在地级市及其周边城市、交通沿线城市；人口增长型占 1/4 左右,主要为省域边缘山区；人地协调型约占 1/4,空间分布较为分散；另有 6 个人地收缩型城市。江西省城市人地协调关系较弱、土地扩张特征明显。从不同等级体系视角分析城市人地协调关系发现,行政等级体系下地级市、县级市土地扩张型占主导,而县以人地协调型为主；人口规模体系下城市人地协调关系以土地扩张型为主,人口增长型、人地协调型为辅；地形视角下平原区土地扩张特征显著,丘陵区人地关系相对协调,山地区人口增长型居于主导。

　　进一步选取赣南等原中央苏区为典型区,在集中度基础上引入地形阻抗系数并构建人口增长-土地扩张耦合模型,深入考察其人口增长与土地扩张的耦合关系。研究发现,2001~2012 年,城市人口和土地发展均呈幂分布特征,且人口幂分布特征进一步增强,而土地则具有弱化趋势。从空间格局来看,城市人口及城市土地在空间上逐步形成典型的多核心-边缘结构,其中人口增长形成以赣州为核心增长极,新余-宜春-萍乡、吉安、崇仁、弋阳-横峰-铅山、瑞金、龙南为次级核心的"众星拱月"格局；土地扩张受行政、交通、地形等因素影响,赣南等原中央苏区北部形成条带状扩张格局,而中部及南部地区则形成核心-边缘式扩张格局。赣南等原中央苏区城市人口集中度与土地集中度具有一定的关联性,且关联性逐步增强；根据人口增长-土地扩张耦合指数,可将赣南等原中央苏区划分为人口增长型、人地协调型和土地扩张型。赣南等原中央苏区主导城市类型由人口增长型转变为人地协调型；而人口增长-土地扩张指数变化的协调关系则以土地扩张型为主,说明城市土地扩张快于人口增长,城市建设呈现蔓延式扩张。

　　从人口-土地双因素关系的考察,拓展至生态-经济系统耦合协调研究,提升人地关系系统分析深度。以人类活动与地理环境相互作用强烈的鄱阳湖生态经济区为研究对象,基于生态与经济两个子系统构建评价指标体系,采用耦合度与协调度模型分析经济区耦合度和协调度的时空分布特征。研究发现，鄱阳湖生态经济区耦合度与协调度总体上呈现北高南低的分布态势，经济区生态经济系统已由低水平耦合进入拮抗阶段，但二者协调程度仍处于低度协调阶段。经济区生态经济耦合度和协调度分布不均衡，高值区围绕中心城市分布，鄱阳湖滨湖区县域的平均耦合度及协调度均低于经济区平均值，成为经济区崛起进程中的"洼地"。根据各研究单元耦合度与协调度的组合情况，结合耦合度、协调度理论内涵，可将经济区划分为磨合发展型、经济超前型、拮抗发展型、生态主导型四类区域。

7.1.3　江西省土地利用变化的生态效应

（1）土地利用生态风险评价

2005~2013 年，区域经济社会的快速发展及城市化进程加速促使了区域土地利用结构的深刻变化和土地开发强度的明显提升，江西省生态风险指数总体上呈现小幅上升趋势，受自然条件和社会经济发展水平影响，区域内生态风险呈现"北热南冷"空间分异及等级扩散特征。首先，以南昌等地级城市为中心，京九铁路和浙赣铁路为纵横主轴，集聚了区内主要的城市及发展要素，高强度、高密度的开发活动对生态环境的干扰极大，形成生态风险等级高值区，由高至低向外梯度扩散。其次，省域边缘地带及赣南山地丘陵地带，海拔较高地形起伏大，林地面积占比大，受人类活动干扰小，生态风险低于其他地区；而环鄱阳湖区海拔低、坡度小，城市与人口密集，土地开发强度大，生态易损性大，成为高生态风险区域，从而构成"北热南冷"的空间分异格局。最后，鄱阳湖高水是湖，低水似河的特点，也深刻影响湖区土地利用结构和方式，再加之经常出现涝渍、干旱灾害，更加剧了环鄱阳湖区生态风险。依据生态风险指数可将研究区划分为低生态风险区（ERI<0.15）、较低生态风险区（0.15≤ERI<0.25）、中等生态风险区（0.25≤ERI<0.35）、较高生态风险区（0.35≤ERI<0.45）、高生态风险区（ERI≥0.45）五类；高风险区域主要分布在滨湖区、南昌市、九江市及赣中部分地区。生态风险等级分

布与地形存在显著相关性，随着生态风险等级提高，分布区域表现出明显的地形指向性。

（2）生境质量评价

借助 InVEST 生境质量模块评估江西省土地利用变化下生境质量演变，发现江西省生境质量总体保持稳定，呈现南高北低的分布态势，并具有自省域边缘山区向中部城镇区逐步降低的空间特征。以土地利用变化剧烈的鄱阳湖五河流域（赣江、抚河、信江、饶河、修水）作为生境质量监测重点区域，在这五河流域布设生境质量监测剖面线，监测结果显示，各流域生境质量空间时空分异性明显，赣江流域跨度大因而区域差异最为突出，各流域生境质量状况均表现出一定的分段特征。利用 ArcGIS 区域统计工具计算得到各县域单元的平均生境质量，发现高值区主要分布于省域边缘山区，低值区则围绕地级中心城市集聚分布。依据 2005～2013 年生境质量变化情况将研究区划分为快速退化区、缓慢退化区、小幅改善区和大幅改善区，发现生境质量退化区占据主导地位，但以缓慢退化为主，生境质量改善区集中分布在山区和环鄱阳湖区。

（3）土地生态系统服务价值评价

利用修正的 Costanza 方法对江西省土地生态系统服务价值进行测算，结果表明，江西省生态系统服务价值呈现持续升高趋势，其中林地对生态系统服务价值的贡献率最大。鄱阳湖区域的生态系统服务价值远远高于其他区域，而且大部分县域呈现"中间低，四周高"的空间分布特征。而对赣州都市区土地生态系统服务价值的评估则显示，1990～2013 年，研究区生态系统服务价值微弱下降，各生态系统贡献率发生明显变化，耕地生态贡献率明显下降，园地贡献率上升。建设用地向其他地类扩张是引致研究区土地利用变化的关键因素，也是该区域生态服务价值下降的主要原因。

7.1.4　江西省土地利用调控对策与建议

（1）关于景观生态安全格局方案

在土地利用变化及其生态效应综合研究的基础上，从生态安全和土地资源的可持续利用角度出发，进一步探求构建江西省土地利用生态安全格局，旨在为江西省生态建设提供宏观层次上的有益参考。从斑块面积、生态系统服务价值、生境质量角度对生态用地综合评价，识别和提取了生态源地，从地形地貌、生态环境、景观空间格局 3 个层面选取 7 项指标构建了生态源地的综合扩张阻力表面，借助 ArcGIS 距离分析模块，运用最小累积阻力模型计算得到研究区生态源地扩张最小累积阻力值，进一步进行生态分区。在此基础上，借助 ArcGIS 最小耗费路径工具及水文分析模块，分别提取了研究区潜在生态廊道和辐射通道，形成了江西省生态廊道网络。生态源/汇点、生态源地、生态廊道、生态分区等生态空间组分，共同构建了包含"点-线-区"的多层次多要素的综合生态安全格局。

（2）关于优化土地资源利用格局

针对江西省土地资源利用和配置中存在的突出问题，本书提出了若干建议，以期为土地资源优化利用提供借鉴。主要有：①提高土地集约节约利用水平。控制城乡建设用地规模，充分利用城市存量建设用地。严格把关各类新城新区建设用地审批，积极推进产城融合的区域开发模式，营造功能混合的紧凑型城市空间。②有效加强耕地保护。积极推进城乡建设用地增减挂钩等政策试点实施，尽量减少对耕地等农地和生态用地的占用，做到耕地占补平衡，加强新补耕地质量管控。③积极探索乡村土地要素活化。因地制宜地选择宅基地置换或村庄归并等形式，分类推进土地整治。加快建设城乡统一的建设用地市场，深化征地制度、农村宅基地退出制度及经营性集体建设用地流转制度等农村土地制度改革，为城乡要素合理有序流动提供相应制度保障。

（3）关于促进人口-土地城镇化协调发展

为推进江西省土地城镇化和人口城镇化的协同发展，实现人地协调的新型城镇化，提出了相关对策建议。主要有：①优化城镇体系结构。按照"培育城市群、合理发展大城市、做强中小城市、择优培育中心城镇"的原则，通过点-线-面的辐射，形成布局合理、各具特色、相互补充、协调发展的城镇体系。②因地制宜地推进农业转移人口市民化。一方面，加快户籍制度改革，实施差别化落户政策，有序开放南昌市中心城区落户限制，积极开放其他设区市中心城区落户限制，全面开放县级城市和建制镇落户限制，重点引导农业转移人口及其家庭向中小城市和小城镇落户定居，让有意愿有能力的农业转移人口在城镇落户定居成为市民；另一方面，要持续推进公共服务均等化，让不能落户、不想落户的常住农业转移人口能享有基本公共服务。③完善中心村镇生产生活功能。一方面按照"分类指导、梯次推进"的要求，大力推进特色小镇建设，依托资源或交通基础，积极打造一批工贸型、旅游型、交通节点型村镇，吸引农村人口向中心村镇集聚；另一方面要打破行政区划范围桎梏，发挥城镇总体规划对城乡协调发展作用，促进城市公共基础设施、公共服务等优先向中心村镇辐射，强化中心村镇与城市的双向联系，构建以城市为核心、中心村镇为节点的区域城乡网络。

7.2　本书的贡献

（1）土地利用生态效应作为地理过程和生态过程集成的科学问题受到学界的重点关注，构建合理有效的生态效应评价框架是学界研究的核心课题之一。本书综合采用土地利用生态风险指数、生境质量、生态系统服务价值评估方法，从生态风险、生境质量、生态系统服务价值3个层面来综合反映土地利用变化的生态效应，并集成ArcGIS空间分析手段对相关结果进行分析，对中大尺度区域土地利用生态效应的宏观评价方法有所拓展。

（2）流域作为集生物多样性、水源涵养、土壤保持等生态功能和人类社会发展功能于一体的综合生态地域系统，是构建区域资源利用和生态保护相协调的和谐人地关系的最佳途径。作为自然流域与行政地域高度重合的鄱阳湖流域，成为探讨流域城镇化与生态环境耦合协调发展的理想区域。鉴于江西省域与鄱阳湖流域范围的高度吻合，开展江西省土地利用变化相关研究，揭示其土地城镇化与人口城镇化协调关系，探索流域尺度内差别化的城镇化路径和模式，为新型城镇化提供可资借鉴的案例。同时，引入景观生态学理论，构建支撑鄱阳湖流域可持续发展的土地利用生态安全格局，也是景观生态理论在宏观生态建设与规划领域的有益实践探索。

（3）当前中国经济社会发生深刻转型，资源环境要素约束趋紧，生态环境矛盾凸显，传统的土地利用模式越来越不可持续。深入分析快速城镇化时期江西省土地资源利用的总体特征及演变趋势，为江西省转变土地资源利用模式，优化区域土地资源利用格局，提高区域土地资源保障能力，实现高质量的发展提供科学基础。

（4）江西省为长江经济带、长江中游城市群、鄱阳湖生态经济区建设、赣南等原中央苏区振兴发展等多个国家级区域规划叠加区域，政策红利逐步凸显，城镇化和工业化进程加速。分析和探讨不同规模和类型城市人口城镇化与土地城镇化的耦合关系，可以为江西省不同地区实施具有针对性和差别化的城镇化政策提供有益借鉴。

（5）江西省是长江中下游水生态安全重要保障区及南方丘陵山地重要生态屏障，生态地位极为重要。构建江西省宏观土地利用生态安全格局，提供一套包含源/汇点、生态源地、生态分区、生态廊道等景观要素的宏观生态建设方案，为江西省建设生态文明先行示范区、打造"美丽中国"江西样板提供决策参考。

7.3　不足与展望

（1）土地利用时空变化特征方面。本书的研究受数据获取限制，研究期较短，进行长时序的土地利用变化监测更有利于揭示区域土地利用与开发规律。尤其是对农村居民点的研究更是如此，乡村空间演变是长期的渐进过程，本书仅讨论了 2005 年以来江西省城乡快速发展时期农村居民点的演变特征，研究期相对较短，农村居民点的形成模式和深层次演变机理还需更长历史时期的数据支持和资料储备；包括对未来时期土地利用格局及土地利用变化的模拟与预测等，这些都是值得进一步深化研究的方向。

（2）土地利用变化驱动机理方面。其一，本书仅针对具有关键性作用的城乡建设用地及农村居民点的影响因素进行了定量分析，而未对土地利用整体变化的驱动机理进行深入的定量解析。其二，关于整体土地利用变化的原因分析，主要是结合经济区位和国家政策进行分析，实际上，在市场经济条件下，受经济效率驱动土地利用变化表现出明显的指向性，各地类向建设用地转移成为土地利用转移的主流，进一步导致土地利用程度上升，事实上土地利用程度上升的过程也是区域土地资源经济价值整体上升的表现。因此，自然地理因子和社会经济因子都应纳入土地利用变化机制的解释理论框架，同时，有必要引入经济学相关理论和方法，构建经济增长与土地利用变化的动态关联模型，开展土地利用效率及土地利用变化的经济驱动机制等方面的研究。

（3）人口-土地系统耦合关系方面。本书涉及的理想人均建成区面积多基于前人研究及国家相关规划得到，未能充分考虑到地形、河流、交通等因素影响，这将是今后需进一步探讨和完善的方向。

（4）土地利用生态效应方面。关于生态风险评价，本书基于土地利用变化视角对鄱阳湖流域生态风险进行评价，研究结果基本符合流域土地利用实际。生态风险评价作为地理过程和生态过程集成的科学问题受到学界的重点关注，研究内容逐渐丰富和完善，尺度多元、方法创新、视角融合特征明显。因此，如能结合系统生态学相关理论及方法，构建更具科学性和综合性的生态风险源替代指标，同时，将区域生态系统的水土保持、生物多样性等核心生态功能进行整合纳入生态风险评价体系，有助于提高评价结果的理论深度和应用价值。关于生境质量评价，由于 InVEST 软件生境质量评估模块所需参数较多，且目前尚未形成统一和公认的标准，研究者多结合研究区实际根据经验进行参数率定，本书也不例外，因此存在一定的主观性。

（5）景观生态安全格局方面。景观生态安全格局通常作为中小尺度区域景观规划与设计的技术手段，目前在省域等中大尺度范围内的运用尚不多见，本书将这种方法运用到江西省的宏观生态布局中，作为一种方法性探索，还显得不够成熟、较为浅显，仍需要进一步实践和探索。具体如下：①生态源地选取的标准，本书主要选取了生态系统服务价值、生境质量等较有代表性的指标进行综合评价选取。其实，像生态红线区域、基本农田保护区等一些刚性生态保护空间对区域生态建设同样意义重大，受数据限制，在研究中未能对这些生态刚性约束作相关考虑，实为不足和遗憾。②阻力表面生成指标的选取、分级及权重确定。关于阻力因子的选择，学界也尚未有统一的标准，不过，本书以为，针对具体研究区域或物种，制定科学合理的阻力因子体系是后续相关研究需要遵循的原则。③生态廊道宽度的确定。本书数据处理过程中所用栅格数据统一为 1km×1km 分辨率，因此生成的廊道宽度也为 1km，事实上，不同物种迁徙所需的廊道宽度需求存在差异，因此，针对具体的景观格局研究需要对廊道宽度进行相应调整。

参 考 文 献

曹先磊, 刘高慧, 张颖, 等. 2017. 城市生态系统休闲娱乐服务支付意愿及价值评估——以成都市温江区为例. 生态学报, (09): 1-12.

常春艳, 赵庚星, 王凌, 等. 2012. 黄河口生态脆弱区土地利用时空变化及驱动因素分析. 农业工程学报, 28(24): 226-234, 362.

陈昌春, 张余庆, 项瑛, 等. 2014. 土地利用变化对赣江流域径流的影响研究. 自然资源学报, 29(10): 1758-1769.

陈春丽, 吕永龙, 王铁宇, 等. 2010. 区域生态风险评价的关键问题与展望. 生态学报, 30(3): 808-816.

陈春林, 陈红, 韩阳. 2011. 改革开放以来吉林省城市集聚区的空间演化. 中国人口·资源与环境, 21(3): 121-124.

陈凤桂, 张虹鸥, 吴旗韬, 等. 2010. 我国人口城镇化与土地城镇化协调发展研究. 人文地理, 115(5): 53-58.

陈红顺, 夏斌. 2012. 快速城市化地区土地利用变化研究——以广东省东莞市为例. 水土保持研究, 19(1): 239-242.

陈青锋, 于化龙, 张杰, 等. 2016. 怀来县土地利用/覆被变化及生态系统服务价值时空演变. 水土保持研究, (03): 137-143.

陈小平, 陈文波. 2016. 鄱阳湖生态经济区生态网络构建与评价. 应用生态学报, 27(5): 1611-1618.

陈妍, 乔飞, 江磊. 2016. 基于 InVEST 模型的土地利用格局变化对区域尺度生境质量的评估研究——以北京为例. 北京大学学报 (自然科学版), 52(3): 553-562.

陈永林, 谢炳庚. 2016. 江南丘陵区乡村聚落空间演化及重构——以赣南地区为例. 地理研究, 35(1): 184-194.

陈佑启, 杨鹏. 2001. 国际上土地利用/土地覆盖变化研究的新进展. 经济地理, 21(1): 95-100.

崔丽娟. 2004. 鄱阳湖湿地生态系统服务功能价值评估研究. 生态学杂志, 23(04): 47-51.

丹尼斯·米都斯，等. 1997. 增长的极限——罗马俱乐部关于人类困境的报告. 李宝恒译. 长春: 吉林人民出版社.

邓劲松，李君，余亮，等. 2008. 快速城市化过程中杭州市土地利用景观格局动态. 应用生态学报, 19(09): 2003-2008.

邓祥征. 2008. 土地系统动态模拟. 北京: 中国大地出版社.

邸向红，侯西勇，徐新良，等. 2013. 山东省生态系统服务价值时空特征研究. 地理与地理信息科学, 29(6): 116-120.

丁偌楠，王玉梅. 2017. 近 40 年烟台市海岸线及近岸土地利用变化与生态服务价值效应分析. 水土保持研究, (01): 322-327.

董立峰，王林林，李德一. 2012. 近 20 年来山东省城市异速生长分析. 城市问题, 205(8): 47-51.

董品杰，赖红松. 2003. 基于多目标遗传算法的土地利用空间结构优化配置. 地理与地理信息科学, 19(06): 52-55.

樊杰. 2007. 我国主体功能区划的科学基础. 地理学报, 62(4): 339-350.

樊哲文，黄灵光，钱海燕，等. 2009. 鄱阳湖流域土地利用变化的土壤侵蚀效应. 资源科学, 31(10): 1787-1792.

傅伯杰，陈利顶，马克明. 1999. 黄土丘陵区小流域土地利用变化对生态环境的影响——以延安市羊圈沟流域为例. 地理学报, 54(03): 51-56.

高群. 2003. 国外生态-经济系统整合模型研究进展. 自然资源学报, 18(3): 375-384.

高志强，刘纪远，庄大方. 1999. 中国土地资源生态环境质量状况分析. 自然资源学报, (01): 94-97.

辜寄蓉，何勇，蒋谦. 2015. 农村居民点分布的空间模式识别方法. 测绘科学, 40(5): 63-70.

郭连凯，陈玉福. 2017. 平原农区农村聚落合理用地规模测算研究: 以山东省禹城市为例. 生态与农村环境学报, 33(1): 47-54.

郭腾云，董冠鹏. 2012. 京津冀都市区经济分布演化及作用机制模拟研究. 地理科学, 32(5): 550-556.

郭旭东，陈利顶，傅伯杰. 1999. 土地利用/土地覆被变化对区域生态环境的影响. 环境科学进展, 7(06): 66-75.

郭旭东，傅伯杰，陈利顶，等. 2001. 低山丘陵区土地利用方式对土壤质量的影响——以河北省遵化市为例. 地理学报, 56(04): 447-455.

海贝贝，李小建，许家伟. 2013. 巩义市农村居民点空间格局演变及其影响因素. 地理研究, 32(12): 2257-2269.

何英彬，姚艳敏，唐华俊，等. 2013. 土地利用/覆盖变化驱动力机制研究新进展. 中国农学通报, 29(2): 190-195.

胡丹，舒晓波，尧波，等. 2014. 江西省县域人均粮食占有量的时空格局演变. 地域研究与开发, 33(4): 157-162.

胡和兵，刘红玉，郝敬锋，等. 2001. 流域景观结构的城市化影响与生态风险评价. 生态学报, 31(12): 3432-3440.

胡学东, 王占岐, 童秋英, 等. 2016. 基于生态和社会经济约束的区域土地整治潜力评价研究. 长江流域资源与环境, 25(5): 804-812.

黄晓燕, 曹小曙, 李涛. 2011. 海南省区域交通优势度与经济发展关系. 地理研究, 30(6): 985-999.

江西省统计局. 1991. 江西统计年鉴 1991. 北京: 中国统计出版社.

江西省统计局. 2015. 江西统计年鉴 2015. 北京: 中国统计出版社.

江西省统计局. 2016. 江西统计年鉴 2016. 北京: 中国统计出版社.

姜磊, 雷国平, 张健, 等. 2013. 农村居民点空间布局及优化分析. 水土保持研究, 20(1): 224-229.

角媛梅, 王金亮, 马剑. 2002. 三江并流区土地利用/覆被变化因子分析. 云南师范大学学报: 自然科学版, 22(3): 59-65.

金斌松, 聂明, 李琴, 等. 2012. 鄱阳湖流域基本特征、面临挑战和关键科学问题. 长江流域资源与环境, 21(3): 268-275.

黎夏, 叶嘉安. 2005. 基于神经网络的元胞自动机及模拟复杂土地利用系统. 地理研究, 24(01): 19-27.

李宝礼, 胡雪萍. 2014. 我国人口与土地城镇化的协调性测定与影响因素研究. 昆明理工大学学报(社会科学版), 14(5): 62-68.

李红波, 张小林, 吴江国, 等. 2014. 苏南地区乡村聚落空间格局及其驱动机制. 经济地理, 34(4): 438-446.

李建新, 钟业喜, 冯兴华. 2014. 2000 年以来江西省城市规模体系与空间体系的时空演变. 热带地理, 34(5): 655-662.

李建新, 钟业喜, 蒋梅鑫. 2015. 鄱阳湖生态经济区城市用地扩张与城市人口增长时空协调性研究. 江西师范大学学报(自然科学版), 39(3): 319-325.

李平, 李秀彬, 刘学军. 2001. 我国现阶段土地利用变化驱动力的宏观分析. 地理研究, 20(02): 129-138.

李平星, 樊杰. 2014. 城市扩张情景模拟及对城市形态与体系的影响——以广西西江经济带为例. 地理研究, 33(3): 509-519.

李旺君, 吕昌河. 2013. 我国城乡建设用地增减挂钩透视. 中国农业资源与区划, 34(3): 16-21.

李潇然, 李阳兵, 韩芳芳. 2015. 基于土地利用的三峡库区生态屏障带生态风险评价. 水土保持通报, 35(4): 188-194.

李鑫, 马晓冬, 肖长江, 等. 2015. 基于 CLUE-S 模型的区域土地利用布局优化. 经济地理, 35(01): 162-167, 172.

李秀彬. 1996. 全球环境变化研究的核心领域——土地利用/土地覆被变化的国际研究动向. 地理学报, 51(6): 553-558.

李秀彬. 2011. 土地利用变化的解释. 地理科学进展, 21(3): 195-203.

李杨帆, 朱晓东, 孙翔, 等. 2007. 快速城市化对区域生态环境影响的时空过程及评价. 环境科学学报, 27(12): 2060-2066.

李玉恒, 刘彦随. 2013. 中国城乡发展转型中资源与环境问题解析. 经济地理, 33(1): 61-65.

李钊, 安放舟, 张永福, 等. 2015. 喀什市生态系统服务价值对土地利用变化的响应及预测. 水土保持通报, 35(05): 274-278.

李子联. 2013. 人口城镇化滞后于土地城镇化之谜——来自中国省际面板数据的解释. 中国人口·资源与环境, 23(11): 94-101.

梁烨, 刘学录, 汪丽. 2013. 基于灰色多目标线性规划的庄浪县土地利用结构优化研究. 甘肃农业大学学报, 48(03): 93-98, 104.

刘宝涛, 郄瑞卿, 王冬艳, 等. 2016. 基于灰色关联模型的吉林省土地利用系统健康诊断. 中国农业资源与区划, 37(10): 9-17.

刘桂林, 张落成, 张倩. 2014. 三角地区土地利用时空变化对生态系统服务价值的影响. 生态学报, 34(12): 3311-3319.

刘纪远. 1996. 中国资源环境遥感宏观调查与动态分析. 北京: 中国科学技术出版社.

刘纪远, 张增祥, 庄大方, 等. 2003. 20世纪90年代中国土地利用变化时空特征及其成因分析. 地理研究, 22(1): 1-12.

刘纪远, 张增祥, 徐新良, 等. 2009. 21世纪初中国土地利用变化的空间格局与驱动力分析. 地理学报, 64(12): 1411-1420.

刘纪远, 匡文慧, 张增祥, 等. 2014. 20世纪80年代末以来中国土地利用变化的基本特征与空间格局. 地理学报, 69(1): 3-14.

刘纪远, 刘文超, 匡文慧, 等. 2016. 基于主体功能区规划的中国城乡建设用地扩张时空特征遥感分析. 地理学报, 71(3): 355-369.

刘金勇, 孔繁花, 尹海伟, 等. 2013. 济南市土地利用变化及其对生态系统服务价值的影响. 应用生态学报, (05): 1231-1236.

刘康, 李月娥, 吴群, 等.2015. 基于Probit回归模型的经济发达地区土地利用变化驱动力分析——以南京市为例. 应用生态学报, 26(07): 2131-2138.

刘沛林, 刘春腊, 邓运员, 等. 2011. 中国传统聚落景观区划及景观基因识别要素研究. 地理学报, 65(12): 1496-1506.

刘世梁, 刘琦, 张兆苓, 等. 2014. 云南省红河流域景观生态风险及驱动力分析. 生态学报, 34(13): 3728-3734.

刘仙桃, 郑新奇, 李道兵. 2009. 基于Voronoi图的农村居民点空间分布特征及其影响因素研究: 以北京市昌平区为例. 生态与农村环境学报, 25(2): 30-33, 93.

刘新卫, 张定祥, 陈百明. 2008. 快速城镇化过程中的中国城镇土地利用特征. 地理学报, 63(3): 301-310.

刘彦随, 杨忍. 2012. 中国县域城镇化的空间特征与形成机理. 地理学报, 67(8): 1011-1020.

刘彦随, 邓旭升, 甘红. 2005. 我国城市土地利用态势及优化对策. 重庆建筑大学学报, 27(3): 1-4.

刘彦随, 严镔, 王艳飞. 2016. 新时期中国城乡发展的主要问题与转型对策. 经济地理, 36(7): 1-8.

刘耀彬, 陈志, 杨益明. 2005a. 中国省区城市化水平差异分析. 城市问题, 123(1): 16-20.

刘耀彬, 李仁东, 宋学锋. 2005b. 中国城市化与生态环境耦合度分析. 自然资源学报, 20(1): 105-112.

刘耀彬, 王英, 谢非. 2013. 环鄱阳湖城市群城市规模结构演变特征. 经济地理, 33(4): 70-76.

刘耀林, 李纪伟, 侯贺平, 等. 2014. 湖北省城乡建设用地城镇化率及影响因素. 地理研究, 33(1): 132-142.

陆大道, 姚士谋. 2007. 中国城镇化进程的科学思辨. 人文地理, (04): 1-5, 26.

陆大道, 姚士谋, 李国平, 等. 2007. 基于我国国情的城镇化过程综合分析. 经济地理, 27(6): 883-887.

罗媞, 刘耀林, 孔雪松. 2014. 武汉市城乡建设用地时空演变及驱动机制研究——基于城乡统筹视角. 长江流域资源与环境, 23(4): 461-467.

吕建成, 周磊, 洪武扬, 等. 2014. 城市土地生态适宜性分区划分研究——以常州市武进区为例. 长江流域资源与环境, 4(9): 1560-1567.

吕立刚, 周生路, 周兵兵, 等. 2015. 1985年以来江苏省土地利用变化对人类活动程度的响应. 长江流域资源与环境, 4(07): 1086-1093.

吕添贵, 吴次芳, 李洪义, 等. 2016. 人口城镇化与土地城镇化协调性测度及优化——以南昌市为例. 地理科学, 36(02): 239-246.

马彩虹, 任志远, 李小燕. 2013. 黄土台塬区土地利用转移流及空间集聚特征分析. 地理学报, 68(2): 257-267.

马丰伟, 王丽群, 李格, 等. 2017. 村镇尺度土地利用变化特征及人文驱动力分析. 北京师范大学学报(自然科学版), 53(06): 705-712.

马丽, 金凤君, 刘毅. 2012. 中国经济与环境污染耦合度格局及工业结构解析. 地理学报, 67(10): 1299-1307.

毛汉英. 1991. 县域经济和社会同人口、资源、环境协调发展研究. 地理学报, 46(4): 385-395.

蒙吉军, 王雅, 王晓东, 等. 2016. 基于最小累积阻力模型的贵阳市景观生态安全格局构建. 长江流域资源与环境, 25(7): 1052-1061.

孟丹, 李小娟, 徐辉, 等. 2013. 京津冀都市圈城乡建设用地空间扩张特征分析. 地球信息科学学报, 15(2): 289-296.

闵婕, 杨庆媛. 2016. 三峡库区乡村聚落空间演变及驱动机制: 以重庆万州区为例. 山地学报, 34(1): 100-109.

倪才英, 夏秋烨, 汪为青. 2012. 鄱阳湖退田还湖生态补偿研究(III)——阳湖鄱阳湖湿地退田还湖生态补偿实施建议. 江西师范大学学报(自然科学版), 36(4): 431-435.

潘爱民, 刘有金. 2014. 湘江流域人口城镇化与土地城镇化失调程度及特征研究. 经济地理, 34(5): 63-68.

潘竟虎, 刘菊玲. 2005. 黄河源区土地利用和景观格局变化及其生态环境效应. 干旱区资源与环境, 19(04): 69-74.

潘竟虎, 刘晓. 2015. 基于空间主成分和最小累积阻力模型的内陆河景观生态安全评价与格局优化——以张掖市甘州区为例. 应用生态学报, 26(10): 3126-3136.

潘竟虎, 苏有才, 黄永生, 等. 2012. 疏勒河中游土地利用与景观格局动态. 应用生态学报, 23(4): 1090-1096.

裴彬, 潘韬. 2010. 土地利用系统动态变化模拟研究进展. 地理科学进展, 29(9): 1060-1066.

彭建, 王仰麟, 张源, 等. 2006. 土地利用分类对景观格局指数的影响. 地理学报, 61(02): 157-168.

彭文甫, 周介铭, 杨存建, 等. 2014. 基于土地利用变化的四川省生态系统服务价值研究. 长江流域资源与环境, (23): 1053-1062.

乔伟峰, 孙在宏, 邵繁荣, 等. 2012. 高度城市化区域土地利用结构演化与驱动因素分析: 以苏州市为例. 长江流域资源与环境, 21(5): 557-564.

邱扬, 傅伯杰. 2000. 土地持续利用评价的景观生态学基础. 资源科学, 22(6): 1-8.

冉圣宏, 吕昌河, 贾克敬, 等. 2006. 基于生态服务价值的全国土地利用变化环境影响评价. 环境科学, (10): 2139-2144.

任国平, 刘黎明, 付永虎, 等. 2016. 都市郊区乡村聚落景观格局特征及影响因素分析. 农业工程学报, 32(2): 220-229.

任平, 兰亭超, 周介铭. 2014a. 城乡建设用地增减挂钩区域适宜性评价与空间布局规划研究——以成都龙泉驿区为例. 水土保持研究, 21(1): 272-275, 282.

任平, 洪步庭, 刘寅, 等. 2014b. 基于 RS 与 GIS 的农村居民点空间变化特征与景观格局影响研究. 生态学报, 34(12): 3331-3340.

任平, 洪步庭, 马伟龙, 等. 2016. 基于 IBIS 模型的耕地生态价值估算——以成都崇州市为例. 地理研究, (12): 2395-2406.

邵子南, 吴群, 许恩, 等. 2014. 农户对农村居民点整理意愿及影响因素研究——基于 Logistic 和 SEM 模型的实证分析. 水土保持研究, 21(6): 228-233.

史培军, 陈晋, 潘耀忠. 2000. 深圳市土地利用变化机制分析. 地理学报, 55(2): 151-160.

宋开山, 刘殿伟, 王宗明, 等. 2008. 1954 年以来三江平原土地利用变化及驱动力. 地理学报, 63(1): 93-104.

孙璐, 张友静, 张滔. 2014. 黄河源区土地利用/覆盖生态服务功能价值评价及时空预测. 地理与地理信息科学, 30(5): 99-104.

孙平军. 2014. 1994-2011 年江苏省城市化与生态环境非协调性耦合关系的判别. 长江流域资源与环境, 23(8): 1051-1056.

孙蕊, 孙萍, 吴金希, 等. 2014. 中国耕地占补平衡政策的成效与局限. 中国人口·资源与环境, 24(3): 41-46.

孙玥, 程全国, 李晔, 等. 2014. 基于能值分析的辽宁省生态经济系统可持续发展评价. 应用生态学报, 25(1): 188-194.

谈明洪, 李秀彬, 吕昌河. 2004. 20 世纪 90 年代中国大中城市建设用地扩张及其对耕地的占用. 中国科学 D 辑, 34(12): 1157-1165.

谭雪兰, 钟艳英, 段建南, 等. 2014. 快速城市化进程中农村居民点用地变化及驱动力研究——以长株潭城市群为例. 地理科学, 34(3): 309-315.

唐承丽, 贺艳华, 周国华, 等. 2014. 基于生活质量导向的乡村聚落空间优化研究. 地理学报, 69(10): 1459-1472.

田义超, 梁铭忠, 胡宝清. 2015. 北部湾钦江流域土地利用变化与生态服务价值时空异质性. 热带地理, 35(3): 403-415.

王家庭, 张俊韬. 2010. 我国城市蔓延测度: 基于35个大中城市面板数据的实证研究. 经济学家, (10): 56-63.

王婧, 方创琳. 2011. 城市建设用地增长研究进展与展望. 地理科学进展, 30(11): 1440-1448.

王军, 傅伯杰, 陈利顶. 1999. 景观生态规划的原理和方法. 资源科学, 21(2): 73-78.

王磊, 王羊, 蔡运龙. 2012. 土地利用变化的 ANN-CA 模拟研究: 以西南喀斯特地区猫跳河流域为例. 北京大学学报(自然科学版), 48(1): 116-122.

王盼盼, 郑林, 曹昀, 等. 2014. 鄱阳湖沙区农户对土地利用变化的影响: 以江西省都昌县多宝乡为例. 中国水土保持, (6): 39-42.

王兮之, 郑影华, 李森. 2006. 海南岛西部土地利用变化及其景观格局动态分析. 中国沙漠, 26(3): 409-414.

王晓东, 蒙吉军. 2014. 土地利用变化的环境生态效应研究进展. 北京大学学报(自然科学版), 50(06): 1133-1140.

王兴中. 1998. 中国内陆大城市土地利用与社会权力因素的关系——以西安为例. 地理学报, 53(S1): 175-185.

王秀兰, 包玉海. 1999. 土地利用动态变化研究方法探讨. 地理科学进展, 18(1): 83-89.

王永初, 王启志. 1999. 耦合度的新定义及其应用. 华侨大学学报(自然科学版), 20(3): 59-63.

王振波, 方创琳, 王婧. 2012. 城乡建设用地增减挂钩政策观察与思考. 中国人口·资源与环境, 22(1): 96-102.

文玉钊, 陈文峰, 钟业喜, 等. 2014. 赣南原中央苏区中心城市的选择与培育. 热带地理, 34(4): 568- 576.

文玉钊, 陆玉麒, 刘玮辰, 等. 2016. 江西省交通区位演变与区域发展效应. 地理研究, 35(3): 572-589.

吴剑, 陈鹏, 文超祥, 等. 2014. 基于探索性空间数据分析的海坛岛土地利用生态风险评价. 应用生态学报, 25(7): 2056-2062.

吴健生, 曹祺文, 石淑芹, 等. 2015. 基于土地利用变化的京津冀生境质量时空演变. 应用生态学报, 26(11): 3457-3466.

吴莉, 侯西勇, 徐新良. 2014. 环渤海沿海区域耕地格局及影响因子分析. 农业工程学报, 30(9): 1-10.

吴松, 安裕伦, 马良瑞. 2015. 城市化背景下喀斯特流域生态服务价值时空分异特征——以贵阳市南明河流域为例. 长江流域资源与环境, 24(09): 1591-1598.

吴玉鸣, 张燕. 2008. 中国区域经济增长与环境的耦合协调发展研究. 资源科学, 30(1): 25-30.

武鹏飞, 宫辉力, 周德民. 2012. 基于复杂网络的官厅水库流域土地利用/覆被变化. 地理学报, 67(1): 113-121.

谢高地, 成升魁, 丁贤忠. 1999. 人口增长胁迫下的全球土地利用变化研究. 自然资源学报, 14(3): 2-8.

谢高地, 鲁春霞, 冷允法, 等. 2003. 青藏高原生态资产的价值评估. 自然资源学报, 18(2): 189-196.

谢高地, 张彪, 鲁春霞, 等. 2015a. 北京城市扩张的资源环境效应. 资源科学, 37(6): 1108-1114.

谢高地, 张彩霞, 张雷明, 等. 2015b. 基于单位面积价值当量因子的生态系统服务价值化方法改进. 自然资源学报, 30(08): 1243-1254.

谢花林. 2008. 土地利用生态安全格局研究进展. 生态学报, 28(12): 6305-6311.

谢花林. 2011. 基于景观结构的土地利用生态风险空间特征分析: 以江西兴国县为例. 中国环境科学, 31(4): 688-695.

谢花林, 李秀彬. 2008. 基于分形理论的土地利用空间行为特征: 以江西东江源流域为例. 资源科学, 30(12): 1866-1872.

谢花林, 刘曲, 姚冠荣, 等. 2015. 基于 PSR 模型的区域土地利用可持续性水平测度——以鄱阳湖生态经济区为例. 资源科学, 37(3): 0449-0457.

徐兰, 罗维, 周宝同. 2015. 基于土地利用变化的农牧交错带典型流域生态风险评价. 自然资源学报, 30(4): 580-590.

徐羽, 钟业喜. 2016. 鄱阳湖生态经济区生态经济系统耦合研究. 江西师范大学学报(自然科学版), 40(3): 324-330.

阳文锐, 王如松, 黄锦楼, 等. 2007. 生态风险评价及研究进展. 应用生态学报, 18(8): 1869-1876.

杨桂山. 2001. 长江三角洲近 50 年耕地数量变化的过程与驱动机制研究. 自然资源学报, 16(2): 121-127.

杨俊, 王占岐, 邹利林, 等. 2013. 基于村尺度的山区农村居民点用地现状及其整理时序研究. 经济地理, 33(5): 150-157.

杨丽霞, 苑韶峰, 王雪禅. 2013. 人口城镇化与土地城镇化协调发展的空间差异研究——以浙江 69 县市为例. 中国土地科学, 7(11): 18-22.

杨莉, 何腾兵, 林昌虎, 等. 2009. 基于系统动力学的黔西县土地利用结构优化研究. 山地农业生物学报, 28(1): 24-27, 31.

杨忍, 刘彦随, 龙花楼, 等. 2015a. 基于格网的农村居民点用地时空特征及空间指向性的地理要素识别——以环渤海地区为例. 地理研究, 34(6): 1107-1087.

杨忍, 刘彦随, 龙花楼. 2015b. 中国环渤海地区人口—土地—产业非农化转型协同演化特征. 地理研究, 34(03): 475-486.

杨姗姗, 邹长新, 沈渭寿, 等. 2016. 基于生态红线划分的生态安全格局构建——以江西省为例. 生态学杂志, 35(1): 250-258.

杨艳昭, 封志明, 赵延德, 等. 2013. 中国城市土地扩张与人口增长协调性研究. 地理研究, 32(9): 1668-1678.

杨永峰, 孙希华, 王百田. 2010. 基于土地利用景观结构的山东省生态风险分析. 水土保持通报, 30(1): 232-235.

杨振, 牛叔文, 常慧丽, 等. 2005. 基于生态足迹模型的区域生态经济发展持续性评估. 经济地理, 25(4): 542-546.

姚成胜, 朱鹤健, 吕晞, 等. 2009. 土地利用变化的社会经济驱动因子对福建生态系统服务价值的影响. 自然资源学报, 4(2): 225-233.

姚士谋, 管驰明, 王书国, 等. 2007. 我国城市发展的新特点及其区域空间建设策略. 地球科学进展, 22(3): 271-280.

姚士谋, 陆大道, 陈振光, 等. 2012. 顺应我国国情条件的城镇化问题的严峻思考. 经济地理, 32(5): 1-6

叶玉瑶, 苏泳娴, 张虹鸥, 等. 2014. 生态阻力面模型构建及其在城市扩展模拟中的应用. 地理学报, 69(4): 485-496.

叶长盛, 冯艳芬. 2013. 基于土地利用变化的珠江三角洲生态风险评价. 农业工程学报, 29(19): 224-232.

尹宏玲, 徐腾. 2013. 我国城市人口城镇化与土地城镇化失调特征及其差异研究. 城市规划学刊, 207(2): 10-15.

尹剑慧, 卢欣石. 2009. 草原生态服务价值核算体系构建研究. 草地学报, 17(2): 174-180.

于法展, 张忠启, 陈龙乾, 等. 2014. 江西庐山自然保护区不同林地水源涵养功能研究. 水土保持研究, 21(5): 255-259.

于兴修, 杨桂山, 王瑶. 2004. 土地利用/覆被变化的环境效应研究进展与动向. 地理科学, 24(5): 627-633.

余敦, 高群, 欧阳龙华. 2012. 鄱阳湖生态经济区土地生态安全警情研究. 长江流域资源与环境, 21(6): 678-683.

余新晓, 鲁绍伟, 靳芳, 等. 2005. 中国森林生态系统服务功能价值评估. 生态学报, 25(8): 2096-2102.

俞孔坚, 乔青, 李迪华, 等. 2009. 基于景观安全格局分析的生态用地研究——以北京市东三乡为例. 应用生态学报, 20(8): 1932-1939.

袁满, 刘耀林. 2014. 基于多智能体遗传算法的土地利用优化配置. 农业工程学报, 30(1): 191-199.

臧淑英, 梁欣, 张思冲. 2005. 基于 GIS 的大庆市土地利用生态风险分析. 自然灾害学报, 14(4): 141-145.

曾辉, 刘国军. 1999. 基于景观结构的区域生态风险分析. 中国环境科学, 19(5): 454-457.

曾珍香. 2001. 可持续发展协调性分析. 系统工程理论与实践, (3): 18-21.

战金艳, 江南, 李仁东, 等. 2003. 无锡市城镇化进程中土地利用变化及其环境效应. 长江流域资源与环境, 12(6): 515-521.

张兵, 金凤君, 董晓峰. 2005. 甘肃中部地区景观生态格局与土地利用变化研究. 地理科学进展, 24(3): 34-43.

张国坤, 邓伟, 张洪岩, 等. 2010. 新开河流域土地利用格局变化图谱分析. 地理学报, 65(9): 1111-1120.

张惠远, 王仰麟. 2000. 土地资源利用的景观生态优化方法. 地学前缘, 7(S2): 112-120.

张惠远, 赵昕奕, 蔡运龙, 等. 1999. 喀斯特山区土地利用变化的人类驱动机制研究——以贵州省为例. 地理研究, 18(2): 136-142.

张京祥, 赵丹, 陈浩. 2013. 增长主义的终结与中国城市规划的转型. 城市规划, 37(1): 45-55.

张婷, 骆希, 蔡海生. 2014. 江西省耕地的动态变化及驱动因子. 水土保持通报, 34(3): 305-310.

张潇方, 张应应. 2014. 克强指数反映中国经济现实状况的优越性研究. 统计与决策, (22): 30-32.

张煊, 王国顺, 王一苇. 2014. 生态经济效率评价及时空差异研究. 经济地理, 34(12): 153-160.

赵锦梅, 张德罡, 刘长仲, 等. 2012. 祁连山东段高寒地区土地利用方式对土壤性状的影响. 生态学报, 32(2): 548-556.

赵景柱, 徐亚骏, 肖寒, 等. 2003. 基于可持续发展综合国力的生态系统服务评价研究——13 个国家生态系统服务价值的测算. 系统工程理论与实践, (1): 121-127.

赵璐, 赵作权, 王伟. 2014. 中国东部沿海地区经济空间格局变化. 经济地理, 34(2): 14-18.

赵思敏, 刘科伟. 2013. 欠发达地区农村居民点体系重构模式研究: 以咸阳市为例. 经济地理, 33(8): 121-127.

赵小沉, 陈文波, 代力民. 2007. Markov 和灰色模型在土地利用预测中的应用. 水土保持研究, 14(2): 19-21.

赵岩洁, 李阳兵, 邵景安. 2013. 基于土地利用变化的三峡库区小流域生态风险评价——以草堂溪为例. 自然资源学报, 8(6): 944-956.

赵志刚, 余德, 韩成云, 等. 2017. 2008～2016 年鄱阳湖生态经济区生态系统服务价值的时空变化研究. 长江流域资源与环境, (26): 304-313.

中华人民共和国国家统计局. 2011. 中国统计年鉴 2011. 北京: 中国统计出版社.

钟式玉, 吴箐, 李宇, 等. 2012. 基于最小累积阻力模型的城镇土地空间重构——以广州市新塘镇为例. 应用生态学报, 3(11): 3173-3179.

钟业喜, 陆玉麒. 2011. 鄱阳湖生态经济区人口与经济空间耦合研究. 经济地理, 31(2): 195-200.

周成虎, 孙战利. 1999. 地理元胞自动机研究. 北京: 科学出版社.

周磊, 李满春, 张卢奔, 等. 2015. 采用潜能模型的农村居民点布局优化. 测绘科学, 40(6): 51-55.

朱会义, 李秀彬. 2003. 关于区域土地利用变化指数模型方法的讨论. 地理学报, 58(5): 643-650.

朱良峰, 吴信才, 刘修国. 2004. GIS 中矢量多边形网格化问题研究. 地理与地理信息科学, 20(1): 12-15.

Abramovitz J N. 1998. Putting a value on nature's 'free' services. World Watch, (11): 10-19.

Aspinall R, Pearson D. 2000. Integrated geographical assessment of environmental condition in water catchments: Linking landscape ecology, environmental modelling and GIS. Journal of Environmental Management, 59(4): 299-319.

Baker T J, Miller S N. 2013. Using the Soil and Water Assessment Tool (SWAT) to assess land use impact on water resources in an East African watershed. Journal of hydrology, 486: 100-111.

Bala G, Caldeira K, Wickett M, et al. 2007. Combined climate and carbon-cycle effects of large-scale deforestation. Proceedings of the National Academy of Sciences, 104(16): 6550-6555.

Brovkin V, Sitch S, Von Bloh W, et al. 2004. Role of land cover changes for atmospheric CO_2 increase and climate change during the last 150 years. Global Change Biology, 10(8): 1253-1266.

Brovkin V, Boysen L, Arora V, et al. 2013. Effect of anthropogenic land-use and land-cover changes on climate and land carbon storage in CMIP5 projections for the twenty-first century. Journal of Climate, 26(18): 6859-6881.

Chen M, Liu W, Lu D. 2016. Challenges and the way forward in China's new-type urbanization. Land Use Policy, 55: 334-339.

Chi G Q. 2010. Land Developability: Developing an index of land use and development for population research. Journal of Maps, 6(1): 609-617.

Chi G Q, Ho H C. 2018. Population stress: A spatiotemporal analysis of population change and land development at the county level in the contiguous United States, 2001-2011. Land Use Policy, 70: 128.

Costa M H, Botta A, Cardille J A. 2003. Effects of large-scale changes in land cover on the discharge of the Tocantins River, Southeastern Amazonia. Journal of Hydrology, 283(1): 206-217.

Costanza R, D'Arge R, De Groot R, et al. 1998. The value of the world's ecosystem services and natural capital. Ecological economics, 1(25): 3-15.

Daily G C. 1997. Nature's Service: Societal Dependence on Natural Ecosystems. Washington, DC: Island Press.

Dall T M, Gallo P D, Chakrabarti R, et al. 2013. An aging population and growing disease burden will require a large and specialized health care workforce by 2025. Health Affairs, 32(11): 2013-2020.

Dinda S. 2004. Environmental Kuznets curve hypothesis: A survey. Ecological Economics, 49(4): 431-455.

Eastman J R. 2006. Guide to GIS and image processing Volume. Clark University, USA.

Falkenmark M. 2013. Growing water scarcity in agriculture: Future challenge to global water security. Philosophical Transactions, 371(2002): 20120410.

Foley J A, Defries R, Asner G P, et al. 2005. Global Consequences of Land Use. Science, 309(5734): 570-574.

Geoghegan J, Wainger L A, Bockstael N E. 1997. Spatial landscape indices in a hedonic framework: An ecological economics analysis using GIS. Ecological economics, 23(3): 251-264.

Gerland P, Raftery A E, Ševcíková H, et al. 2014. World population stabilization unlikely this century. Science, 346(6206): 234-237.

Godber O F, Wall R. 2014. Livestock and food security: Vulnerability to population growth and climate change. Global Change Biology, 20(10): 3092-3102.

Goldewijk K K. 2001. Estimating global land use change over the past 300 years: The HYDE database. Global Biogeochemical Cycles, 15(2): 417-433.

Guan W B, Xie C H, Ma K M, et al. 2003. Landscape ecological restoration and rehabilitation is a key approach in regional pattern design for ecological security. Acta Ecological Sinica, 23(1): 64-73.

Gustafson E J. 1998. Quantifying landscape spatial pattern: What is the state of the art? Ecosystems, 1(2): 143-156.

Hall C A S, Tian H, Qi Y, et al. 1995. Modelling spatial and temporal patterns of tropical land use change. Journal of Biogeography, 22(4/5): 753-757.

Jill L, Caviglia H, Dustin C. 2009. Taking the 'U' out of Kuznets: A comprehensive analysis of the EKC and environmental degradation . Ecological Economics, 68(4): 1149-1159.

Kaplan J O, Krumhardt K M, Zimmermann N E. 2012. The effects of land use and climate change on the carbon cycle of Europe over the past 500 years. Global Change Biology, 18(3): 902-914.

Keyzer M A, Ermoliev Y M. 1998. Modeling Producer Decisions on Land Use in Spatial Continuum.

Knaapen J P, Scheffer M, Harms B. 1992. Estimating habitat isolation in landscape planning. Landscape and Urban Planning, 23(1): 1-16.

Kreuter U P, Hrris H G, Malock M D, et al. 2001. Change in ecosystem service values in the San Antonio area. Ecological Economics, 39(3): 333-346.

Lambin E F, Geist H J, Lepers E. 2003. Dynamics of land-use and land-cover change in tropical regions. Annual review of environment and resources, 28(1): 205-241.

Lambin E F, Meyfroidt P. 2011. Global land use change, economic globalization, and the looming land scarcity. Proceedings of the National Academy of Sciences of the United States of America, 108(9): 3465-3472.

Long H, Li Y, Liu Y, et al. 2012. Accelerated restructuring in rural China fueled by 'increasing vs. decreasing balance' land-use policy for dealing with hollowed villages. Land Use Policy, 29(1): 11-22.

Luo J J, Zhang X L, Wu Y Z, et al. 2018. Urban land expansion and the floating population in China: For production or for living? Cities, 70(4): 219-228.

Mertens B, Lambin E F. 1997. Spatial modelling of deforestation in southern Cameroon: Spatial disaggregation of diverse deforestation processes. Applied Geography, 17(2): 143-162.

Meshesha D T, Tsunekawa A, Tsubo M, et al. 2014. Land-use change and its socio-environmental impact in Eastern Ethiopia's highland. Regional Environmental Change, 14(2): 757-768.

Millennium Ecosystem Assessment. 2005. Ecosystems and Human Well-being: Biodiversity Synthesis. Washington, DC: Island Press.

Montanarella L, Pennock D J, Mckenzie N J, et al. 2015. World's soils are under threat. Soil Discussions, 2(2): 79-82.

Mooney H A, Duraiappah A, Larigauderie A. 2013. Evolution of natural and social science interactions in global change research programs. Proceedings of the National Academy of Sciences, 110(S1): 3665-3672.

Neumann J E, Price J, Chinowsky P, et al. 2015. Climate change risks to US infrastructure: Impacts on roads, bridges, coastal development, and urban drainage. Climatic Change, 131(1): 97-109.

Niu F, Li J. 2018. Modeling the population and industry distribution impacts of urban land use policies in Beijing. Land Use Policy, 70: 347-359.

Nunes C, Auge J I.1999. Land-use and land-cover change (LUCC): Implementation strategy.

O'Sullivan D J. 2001. Graph-cellular automata: A generalised discrete urban and regional model. Environment and Planning B: Planning and Design, 28(5): 687-705.

Panayotou T. 1995. Environment Degradation at Different Stages of Economic Development Livelihoods in the Third World. London: Macmillan Press.

Simon J L. 1981. The ultimate resource. New Jersey: Princeton University Press.

Sklar F H, Costanza R. 1991. The Development of dynamic spatial models for landscape ecology: A review and prognosis. In: Turner M G, Gardner R H. Quantitative Methods In Landscape Ecology: The Analysis and Interpretation of Landscape Heterogeneity. New York: Springer-Verlag.

Southworth F, Dale V H, O'Neill R V. 1991. Contrasting patterns of land-use in Rondonia, Brazil-simulating the effects on carbon release. International Social Science Journal, 43(4): 681-698.

Stern D I. 2001. Is There an Environmental Kuznets Curve for sulfur. Journal of Environmental Economics and Management, 1(1): 162-178.

Suter G W, Norton S B, Barnthouse L W. 2003. The evolution of frameworks for ecological risk assessment from the Red Book ancestor. Human and Ecological Risk Assessment, 9(5): 1349-1360.

Tallis H, Ricketts T, Guerry A, et al. 2013. InVEST 2.5. 6 User's Guide: Integrated Valuation of Environmental Services and Tradeoffs. The Natural Capital Project, Standford.

Tan M, Li X, Li S, et al. 2018. Modeling population density based on nighttime light images and land use data in China. Applied Geography, 90: 239-247.

Tuck S L, Winqvist C, Mota F, et al. 2014. Land-use intensity and the effects of organic farming on biodiversity: A hierarchical meta-analysis. Journal of Applied Ecology, 51(3): 746-755.

Veldkamp A, Fresco L O. 1996. CLUE: A conceptual model to study the conversion of land use and its effects. Ecological Modelling, 85(2-3): 253-270.

Verburg P H, Schulp C J E, Witte N, et al. 2006. Downscaling of land use change scenarios to assess the dynamics of European landscapes. Agriculture, Ecosystems & Environment, 114(1): 39-56.

Wagh S, Prasad R. 2011. Spatial and Temporal Land Cover Changes in the Simen Mountains National Park, a World Heritage Site in Northwestern Ethiopia. Remote Sensing, 3(4): 752-766.

Walker R T, Solecki W D. 1999. Managing land use and land-cover change: The new jersey pinelands biosphere reserve. Annals of the Association of American Geographers, 89(2): 220-237.

Wang J F, Zhang T L, Fu B J. 2016a. A measure of spatial stratified heterogeneity. Ecological Indicators, 67: 250-256.

Wang Y, Liu Y, Li Y, et al. 2016b. The spatio-temporal patterns of urban-rural development transformation in China since 1990. Habitat International, 53: 178-187.

Wondie M, Teketay D, Melesse A M, et al. 2012. Relationship between Topographic Variables and Land Cover in the Simen Mountains National Park, a World Heritage Site in Northern Ethiopia. International Journal of Remote Sensing Applications, 2(2): 36-43.

Wu J. 2004. Effects of changing scale on landscape pattern analysis: Scaling relations. Landscape Ecology, 19(2): 125-138.